Feng Shui

PARA O AMOR
E O ROMANCE

Richard Webster

Feng Shui

PARA O AMOR
E O ROMANCE

Tradução
DENISE DE C. ROCHA DELELA

EDITORA PENSAMENTO
São Paulo

Título do original:
Feng Shui for Love & Romance

Publicado originalmente por Llewellyn Publications,
St. Paul, MN 55164-0383 USA.

Ilustrações internas: Jeannie Ferguson.

Edição	O primeiro número à esquerda indica a edição, ou reedição, desta obra. A primeira dezena à direita indica o ano em que esta edição, ou reedição, foi publicada.	Ano
4-5-6-7-8-9-10-11-12-13		01-02-03-04-05-06-07-08

Direitos de tradução para a língua portuguesa
adquiridos com exclusividade pela
EDITORA PENSAMENTO-CULTRIX LTDA.
Rua Dr. Mário Vicente, 368 – 04270-000 – São Paulo, SP
Fone: 272-1399 – Fax: 272-4770
E-mail: pensamento@cultrix.com.br
http://www.pensamento-cultrix.com.br
que se reserva a propriedade literária desta tradução.

Impresso em nossas oficinas gráficas.

Sumário

Apresentação 7

Introdução 11

Capítulo 1 — Princípios Básicos 17
O Ch'i • Os Shars • As Nove Soluções • A Bagunça • Yin e Yang • Os Cinco Elementos • As Escolas do Feng Shui

Capítulo 2 — O Incrível Ba-guá 37
Como Ativar o Setor do Casamento

Capítulo 3 — Como Atrair o Amor Para a Sua Casa .. 47
A Porta da Frente • A Sala de Estar • A Cozinha • A Sala de Jantar • O Banheiro e o Lavabo • O Dormitório

Capítulo 4 — A Compatibilidade no Feng Shui 59

Capítulo 5 — Como Usar o Ba-guá de Forma Mais Abrangente 67
Os Oito Trigramas • As Direções do Amor • As Direções do Amor para os Homens • As Direções do Amor para as Mulheres

Capítulo 6 — Como Usar Tudo o Que Você Aprendeu 95
O Solteirão Inveterado • A Viúva Infeliz

Capítulo 7 — Como Melhorar o Relacionamento Que Você Já Tem 121

Capítulo 8 — Feng Shui Para Fazer Amigos 127

Conclusão 131

Apêndice
Elementos e Signos para os Nascidos de 1900 a 2000 133

Notas 136

Glossário 138

Leitura Recomendada 143

Apresentação

Deixe que a sua casa atraia a pessoa certa para você.

Há milhares de anos os chineses sabem que a nossa casa e os nossos pertences, quando arrumados da forma correta, atraem energia positiva para a nossa vida, enriquecendo-a do ponto de vista amoroso e fazendo, entre outras coisas, com que travemos muitas amizades. Agora você pode tirar vantagem desse conhecimento milenar para encontrar o parceiro ideal; se já tem alguém especial, você pode fortalecer os laços de amor entre você e a pessoa que você ama.

Trata-se de algo extremamente simples e barato. Você quer que o seu parceiro comece a ouvir o que você tem a dizer? Basta colocar algumas flores amarelas na área "Ken" (comunicação) da sua casa. Você quer fazer amigos de ambos os sexos? Coloque algumas folhagens ou velas na área "Chien" (amizade). Para atrair ou reconquistar uma pessoa, dê um toque de vermelho na área "K'un" (sentimentos) da sua casa. O vermelho é a mais forte e estimulante das cores; por isso tome cuidado para não exagerar! A harmonia é o mais importante.

Feng Shui para o Amor e o Romance mostrará a você como lidar com as forças universais do céu e da terra – as energias yin e yang, os cinco elementos (madeira, fogo, terra, metal e água) e as suas direções do amor (leste, oeste, norte e sul) – para fazer da sua vida e da sua casa uma fonte inesgotável de amor.

Dedicatória

Para meu amigo Ed Rapoza, médium, professor, bom contador de histórias e anfitrião maravilhoso no Japão.

Agradecimentos

Eu gostaria de expressar meu muito obrigado a T'ai Lau, por sua ajuda e conselhos.

Introdução

O feng shui é a antiga arte chinesa de viver em harmonia com o ambiente. Milhares de anos atrás, os chineses acreditavam que, se a nossa casa e os nossos pertences fossem dispostos no lugar certo, nossa vida seria cheia de contentamento, abundância e felicidade. É claro que isso também incluía um relacionamento profundo, estável e afetuoso com alguém especial, sem o qual provavelmente não viveríamos nem felizes nem satisfeitos.

O único objetivo deste livro é ajudar você a fazer disso uma realidade em sua vida. O feng shui pode ajudá-lo a atrair e a encontrar a pessoa certa, e, se você já a encontrou, ele também pode reavivar a chama de amor entre vocês. Não importa quem seja você; você terá um relacionamento rico, que fará de você uma pessoa plenamente realizada.

Existem aqueles que não sentem nenhuma necessidade de ter relacionamentos íntimos, mas essas pessoas são raras. O dr. James Lynch escreveu: "Todos os dados disponíveis indicam que a falta de companhia humana, a solidão crônica, o isolamento social e a perda repentina de entes queridos são uma das causas principais da morte prematura nos Estados Unidos."[1] O dr. Lynch concluiu que a solidão pode estar relacionada com quase todas as principais doenças, mas ela é particularmente evidente nos casos de doença cardíaca, responsável pelo maior número de mortes nos Estados Unidos. "Milhões de pessoas", ele escreveu, "estão morrendo, literalmente, de solidão ou por infelicidade no amor."[2]

Pesquisadores de várias partes do mundo têm chegado a resultados semelhantes. Sem sombra de dúvida, a taxa de mortalidade entre as pessoas solteiras, viúvas e divorciadas é muito maior do que a daquelas que têm um relacionamento duradouro. As pessoas que amamos, portanto, exercem uma enorme influência sobre o nosso bem-estar emocional, e isso, por sua vez, causa um efeito profundo na nossa saúde física.

A solidão tem aumentado de forma dramática nos últimos cem anos, quando as pessoas começaram a morar em grandes centros urbanos. No começo do século XX, 80% da população da Terra, aproximadamente, vivia em áreas rurais e conhecia toda a vizinhança. Agora, cem anos depois, mais da metade da população do globo vive em cidades de médio e grande porte, e é muito comum ver moradores de prédios que nem sequer sabem o nome do vizinho do apartamento ao lado.

Eu moro numa cidade que tem mais de um milhão de habitantes. Em pelo menos um quarto das casas dessa cidade mora apenas uma pessoa.[3] De fato, dois de cada cinco adultos, no mundo ocidental, são solteiros.[4] Muitos deles já foram casados, é verdade, mas estão novamente sozinhos depois de ter passado por um divórcio ou pela morte do parceiro. Algumas dessas pessoas preferiram não se casar e estão felizes com essa decisão. Outras, no entanto, procuram desesperadamente por um parceiro, e esse desespero aumenta à medida que o tempo passa. Ainda há aqueles cuja história de maus-tratos e de famílias problemáticas impede que eles ao menos pensem na idéia de ter um relacionamento permanente.

No passado, as pessoas que tinham problemas de identidade sexual em geral se casavam, na tentativa de resolver a questão. Nem é preciso dizer que isso raramente funcionava, pois em geral essa decisão só trazia dor e sofrimento para todos os envolvidos. Felizmente, hoje em dia é mais provável que essas pessoas permaneçam solteiras, uma vez que não se sentem obrigadas a se casar para encobrir suas preferências sexuais. Todas as informações deste livro, aliás, servem também para relacionamentos não-convencionais. O feng shui é uma arte totalmente sem preconceitos e, portanto, não se limita aos relacionamentos tradicionais.

Como você pode ver, existem muitas razões para dois em cada cinco adultos não ter um relacionamento permanente. Isso não quer dizer que ser solteiro, ou morar sozinho, seja ruim. Muitas pessoas vivem muito bem sozinhas. Cliff Richard, cantor *pop* inglês, escreveu: "Eu de fato gosto de ser solteiro!"[5] De certa forma, os solteiros têm a oportunidade de cultivar uma relação íntima com um número muito maior de pessoas do que seus amigos casados.

Os seres humanos são animais sociais. Nós todos precisamos nos relacionar com os outros em maior ou menor grau. Os amigos e conhecidos podem nos dar o apoio emocional e a ajuda de que todos nós precisamos. Mesmo o sorriso de um estranho com que cruzamos na rua pode nos proporcionar enormes benefícios do ponto de vista emocional.

Naturalmente, o sorriso do nosso parceiro ou amigo íntimo é muito melhor. O apoio emocional, a intimidade e os cuidados que as pessoas com relacionamentos estáveis recebem do parceiro trazem benefícios que superam aqueles mais óbvios. Por exemplo, um estudo feito na Inglaterra mostrou que as pessoas que expressam seus sentimentos para o parceiro têm uma probabilidade menor de desenvolver câncer.[6] Os sociólogos também descobriram que mulheres que trabalham fora e conversam sobre questões íntimas com o marido sofrem menos de depressão nos períodos mais difíceis da vida.[7]

Também existem evidências de que as pessoas que têm filhos vivem mais do que aquelas que não têm, apesar dos riscos potenciais da gravidez e do parto, e também do fato de que os filhos invariavelmente causam nos pais uma grande dose de *stress*, em alguns momentos da vida.

No entanto, se você está lendo este livro, não é preciso que eu fique aqui falando dos benefícios de um relacionamento afetuoso com alguém que nos apóia e compreende. Eu estou pressupondo que você não quer viver sozinho ou, se você já tem um parceiro, que você quer fazer algo para revitalizar o relacionamento e reavivar a paixão e a intimidade que talvez já não sejam tão intensas quanto antes.

Este livro pretende ajudar você a atingir esses objetivos. Ele começa com uma breve exposição dos princípios básicos do feng shui. A seguir, mostra como usar essas idéias para atrair a pessoa certa para a sua vida. Os cinco elementos, que desempenham um importante papel no feng shui, também podem ajudá-lo a determinar a compatibilidade entre as pessoas. Esse fator é examinado para que você possa encontrar a pessoa mais compatível com você. Finalmente, tratamos dos relacionamentos que já estão em curso e como usar o feng shui para aumentar o seu círculo de amizades.

Eu espero que, estudando este livro e aplicando os princípios simples que ele apresenta, você possa viver um relacionamento rico e satisfatório com alguém que seja seu amante e seu amigo. Então você poderá dizer, como a noiva

Sulamita, no *Cântico dos Cânticos*: "Esse é o meu bem-amado, esse é o meu amigo."[8]

Você tem o direito de ter uma vida amorosa rica e plena. Este livro o ajudará a conseguir isso.

Capítulo 1

Princípios Básicos

O feng shui tem uma história que remonta há pelo menos cinco mil anos. Na China, cinco imperadores míticos foram responsáveis pelo governo do país, em tempos em que ainda não havia registros históricos. Isso foi há tanto tempo que ninguém sabe ao certo se esses imperadores de fato existiram. A cada um deles se atribui a invenção de algo, e Fu, o primeiro desses cinco imperadores, é considerado o criador do feng shui.

A lenda diz que, um dia, enquanto Fu e seus homens faziam um trabalho de irrigação no rio Amarelo, uma tartaruga gigante se arrastou para fora do rio. Esse fato foi considerado algo de excelente agouro, pois naquela época os chineses acreditavam que os deuses viviam dentro do casco dos cágados e das tartarugas. Porém, quando Fu olhou mais de perto para o animal, ele viu que as marcas do casco formavam o desenho de um quadrado mágico perfeito, dividido em nove partes iguais. A soma dos números de cada carreira do quadrado, tanto na horizontal quanto na vertical e na diagonal, sempre era quinze:

4 9 2
3 5 7
8 1 6

Isso foi considerado tão surpreendente que Fu chamou todos os homens sábios para examinar a tartaruga. Dessa descoberta surgiu não só o feng shui, mas também o I Ching, a Astrologia Chinesa e a Numerologia Chinesa. Até hoje, esse quadrado mágico desempenha um papel importantíssimo no feng shui.

O Ch'i

Há milhares de anos, os antigos chineses descobriram que, se construíssem a casa onde morariam na posição correta, todos os aspectos da vida deles sofreriam uma notável melhora. A casa voltada para o sul* era considerada a ideal, pois ela seria banhada pela luz do sol o dia inteiro, e as montanhas protegeriam os fundos dos ventos frios do norte. Além disso, seria conveniente que na frente da casa houvesse um tranqüilo riacho murmurante (Figura 1A).

Uma casa nessas condições receberia *ch'i* em abundância. Ch'i é a força vital universal, encontrada em todas as coisas vivas. Ele é criado por qualquer coisa bela na natureza, como um regato sinuoso, e em tudo que é feito com perfeição. Um *skatista* que faça uma manobra exata está criando ch'i. O ch'i é gerado por calmos cursos d'água e carregado pelas brisas suaves. "Feng shui" significa "vento e

* Convém lembrar ao leitor que, neste trecho, como em todo o livro, as referências aos pontos cardeais e às suas qualidades têm em vista o Hemisfério Norte, razão pela qual o sul aí é apontado como a direção "de onde vem o calor", enquanto que o norte é a direção "de onde vêm os ventos fortes e gélidos".

Para os leitores do Hemisfério Sul, as qualidades apontadas para sul e norte naturalmente se invertem. (N.E.)

água", isto é, água em movimento e brisas suaves que nos acariciam. Ventanias, furacões e torrentes ruidosas e violentas levam embora todo o ch'i benéfico.

Figura 1A: Casa protegida

Os Shars

Existe o ch'i positivo e o ch'i negativo. O ch'i negativo (em geral conhecido como *shar* ch'i) é criado por linhas ou ângulos retos que convergem diretamente para a nossa casa. Eles são particularmente ruins quando apontam para a porta da frente.

A pior forma de shar ocorre quando a casa está situada num cruzamento em forma de T, em que a rua converge diretamente para ela. É interessante notar que o palácio de Buckingham, em Londres, sofria a influência desse tipo de shar antes de o Memorial da Rainha Vitória ser construído (Figura 1B).

Outro shar muito comum é criado pela quina do telhado de uma casa vizinha (Figura 1C). É possível até que você sofra a influência de shars que estão dentro da sua propriedade. Se na entrada principal da casa existe um caminho reto que dá exatamente na porta da frente da casa, então você tem um shar que manda uma "seta envenenada" na sua direção. Um longo corredor interno também pode criar um shar dentro da casa.

Felizmente, o feng shui tem solução praticamente para tudo.[1] A forma mais eficaz de acabar com um shar é fazer com que ele desapareça, simbolicamente. Uma cerca viva, um muro ou algumas árvores podem encobrir a visão de uma rua em linha reta que convirja diretamente para a sua propriedade (Figura 1D). E se você não pode ver o shar, ele deixa de existir.

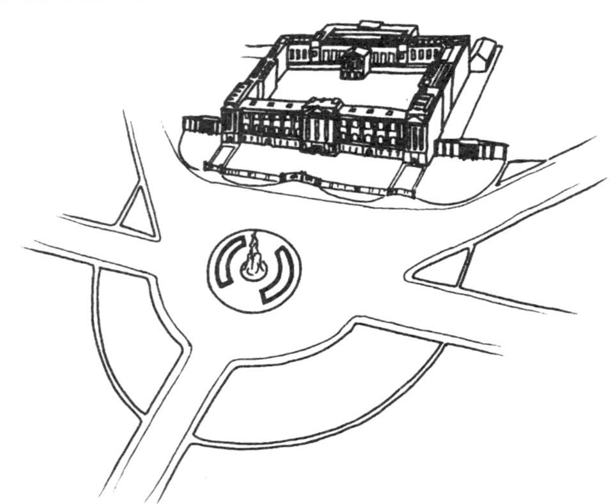

Figura 1B: Memorial da Rainha Vitória

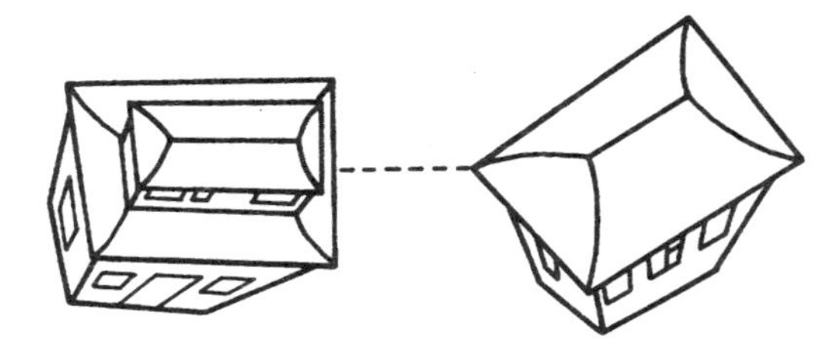

Figura 1C: O shar causado pela quina de um telhado

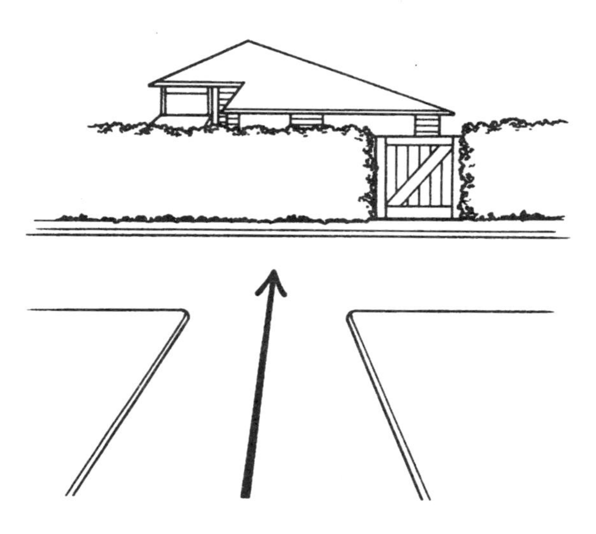

Figura 1D: Encobrindo a visão de um shar

Mas pode não ser possível esconder o shar dessa maneira. No Oriente, quando isso acontece, as pessoas costumam usar um espelho ba-guá para mandar o shar de volta para o local de onde veio. Trata-se de um pedaço de madeira de formato octogonal, com um pequeno espelho circular no centro. Ao redor desse espelho são dispostos os oito trigramas do I Ching. Ao se pendurar o ba-guá na porta da frente da casa, o shar reflete-se nele, de forma simbólica, voltando para o local de onde veio. Pode-se comprar espelhos ba-guá em lojas de presentes ou de objetos importados. Esses espelhos, extremamente poderosos, nunca devem ser usados dentro de casa.

As Nove Soluções

No feng shui, existem nove soluções (também chamadas "curas") que podem ser usadas para resolver quase todos os tipos de problemas relativos à casa (Figura 1E).

1. **Objetos Brilhantes**: Espelhos, luzes e cristais, especialmente os feitos de vidro.
2. **Objetos Vivos**: Plantas, flores, laguinhos e aquários são bons exemplos dessa categoria. Réplicas artificiais também servem. Por isso, flores artificiais, animais de cerâmica ou pinturas que retratem animais ou plantas também são boas soluções.
3. **Sons**: Mensageiros dos ventos* e sinos que produzam sons agradáveis ao sabor da brisa são ótimos exemplos.

---

* A expressão "wind chimes" foi traduzida aqui como mensageiros dos ventos; no entanto, esses objetos têm no Brasil denominações variadas, como sinos tibetanos, sinos da felicidade e mensageiros da felicidade. (N.T.)

4. **Objetos que se Movimentam**: Móbiles, fontes e ventiladores são exemplos de objetos que se enquadram nessa categoria.
5. **Objetos Pesados**: Pedras grandes e arredondadas e estátuas são bons exemplos.
6. **Objetos Ocos**: Flautas e sinos tibetanos são bons exemplos. Os tubos do sino tibetano, aliás, devem ser sempre ocos para que o ch'i possa subir por dentro deles.
7. **Cores**: Cores, particularmente quando usadas em combinação com os cinco elementos, são uma solução muito útil.
8. **Objetos Elétricos**: Aparelhos de som, rádios e televisores enchem o ambiente com música, o que é uma excelente maneira de eliminar problemas, do ponto de vista do feng shui.
9. **Intuição**: Existem ocasiões em que somos levados a colocar um determinado objeto num local, sem nenhuma razão aparente. Vale a pena seguir nossa intuição dessa forma e usá-la para conseguir soluções eficazes.

A Bagunça

Acabar com a bagunça e com os objetos inúteis é quase sempre uma forma de eliminar os problemas, do ponto de vista do feng shui. A bagunça prejudica o fluxo suave do ch'i pela casa, e isso traz problemas. Muitos de nós têm a tendência de guardar coisas, para o caso de um dia precisar delas.

A maioria das pessoas guarda no armário roupas que nunca vai usar novamente. Jogar fora essas coisas que vão se amontoando pode ser extremamente benéfico em vários as-

Figura 1E: As Nove Soluções

pectos. Esse gesto pode indicar que você está se despedindo das coisas do passado, algo que é extremamente necessário se você quer partir para um novo relacionamento. Isso também pode ser um sinal de que você está confiante com relação ao futuro, pois está demonstrando a crença de que será capaz de comprar mais roupas quando precisar. Isso pode proporcionar uma sensação incrível de liberdade. Você consegue se lembrar da sensação de alívio que teve na última vez em que se livrou de algumas coisas que não usava mais?

A bagunça pode assumir diversas formas. Por exemplo, se você espalhar suas roupas pelo chão quando for dormir, você vai deixar o quarto bagunçado nas oito horas seguintes.

A bagunça atrapalha você e o impede de progredir na vida. Se você está em busca de um novo relacionamento, precisa tomar cuidado para evitar a bagunça.

Figura 1F: Símbolo do yin e yang

Yin e Yang

Tudo no universo pode ser dividido em yin e yang. Você provavelmente já conhece o símbolo do yin e yang, que tem a forma de dois girinos dentro de um círculo (Figura 1F). O yin é preto com um ponto branco; o yang é branco com um ponto preto. Os pontos significam que sempre existe uma pequena parte de yin em tudo que é yang e vice-versa.

O círculo yin-yang é o símbolo taoísta do universo e representa inteireza. Yin e yang nunca foram definidos. Eles representam dois opostos inseparáveis. Frente e verso são um exemplo de yin e yang. Se não existisse a parte da frente, não haveria o verso. Noite e dia são outro exemplo. Sem a noite, não poderia existir o dia. Tendo em vista os propósitos deste livro, macho e fêmea talvez sejam o melhor exemplo. Sem um, não poderia haver o outro.

O yin é passivo, acalentador e maternal. Ele representa o princípio feminino.

O yang é agressivo, dominador e positivo. Ele representa o princípio masculino.

Yin e yang estão continuamente em busca de equilíbrio. Existe uma tensão constante entre eles. Às vezes, yang prevalece e domina yin. Mas então, quando este começa a enfraquecer, ele passa a assumir o comando durante algum tempo. O fato de um adquirir maior importância do que o outro não é nem bom nem ruim: simplesmente é assim que acontece. Um não é melhor do que o outro, quando eles estão em equilíbrio.

Os terrenos planos são considerados demasiadamente yin, e os montanhosos são vistos como terrenos muito yang. O melhor ambiente é aquele que contém ambos, e isso é uma coisa que os antigos chineses já sabiam há milhares de anos, quando descobriram qual era a localização ideal de uma casa.

Nos dias de hoje, a maioria de nós vive em cidades e tem de usar as casas vizinhas como um substituto para as montanhas que antigamente serviam como proteção para a parte de trás da casa.

Um ambiente exclusivamente feminino seria considerado yin demais, assim como um ambiente inteiramente masculino seria muito yang. A melhor casa, do ponto de vista do feng shui, é aquela que demonstra um perfeito equilíbrio entre yin e yang.

Yin e yang, na verdade, só dizem respeito ao equilíbrio e à harmonia. Todos nós somos uma mistura de energias yin e yang. Naturalmente, as mulheres têm mais energia yin do que yang, e o contrário acontece com os homens. No entanto, é possível que uma mulher tenha uma forma de se expressar que seja yang. Margaret Thatcher, ex-primeira-ministra da Grã-Bretanha, é quase reverenciada na China, pois nesse país ela é vista como uma "mulher yang".[2] Da mesma forma, muitos homens são passivos e gentis, o que significa que eles geralmente se expressam de uma forma yin. Porém, como nós todos somos compostos de ambos, yin e yang, esses homens passivos também são capazes de expressar o lado yang de sua natureza, quando a situação exige. O ponto yin dentro do yang e o ponto yang dentro do yin mostram isso claramente. Sempre existe uma porção feminina no interior do masculino, e uma dose parecida de masculino no interior do feminino.

Na vida real, temos de expressar esses dois lados da nossa natureza. Uma mulher que é sempre passiva, submissa, meiga e devotada logo constatará que quase todas as pessoas que ela encontra sempre tentam se aproveitar dela. Da mesma forma, um jovem machão, que é constantemente rude, agressivo, exigente e egoísta, acabará se sentindo isolado e sozinho. Nós precisamos nutrir e acalentar ambos os lados da nossa natureza, tanto o yin quanto o yang.

Os problemas de saúde são freqüentemente um sinal de que nosso equilíbrio entre yin e yang foi afetado. Milhares de anos atrás, a medicina chinesa costumava classificar as pessoas em duas categorias: yin (fria) e yang (quente). Se alguém era retraído, apático e parecia sempre cansado e sem energia, essa pessoa era considerada muito yin. Por outro lado, se alguém era agitado, inquieto, sensível e excitável, era classificado como uma pessoa muito yang. A medicina chinesa levava em conta o corpo todo. Por isso, o tratamento para uma dor de cabeça poderia incluir a aplicação de agulhas de acupuntura nos pés.[3]

As energias yin e yang são especialmente importantes para nós, pois simbolizam o relacionamento entre um homem e uma mulher. Dois dos hexagramas do I Ching também exemplificam isso. Chien, o primeiro dos 64 hexagramas, formado por seis linhas inteiras, é pura energia yang. Kun é formado por seis linhas partidas, o que representa pura energia yin. Ambos são imagens positivas, embora também assinalem um tempo de espera, quando falta em um deles a força motivadora e alimentícia do outro.[4] São muitas as piadas e casos que mostram como as mulheres e os homens são diferentes e parecem nunca se entender, mas na verdade um precisa do outro para ter uma vida completa e plenamente satisfatória.

No I Ching, o elemento yang, masculino, é o agressivo, dominador, poderoso; enquanto o yin, feminino, é fraco, dócil e receptivo. Isso remonta aos ensinamentos de Confúcio e do Taoísmo, que eram predominantemente masculinos. Os homens governavam e as mulheres eram subservientes; só lhes restava obedecer às ordens do marido. No entanto, antes da dinastia Shang (cerca de 1500 anos antes de Cristo), os homens e as mulheres eram considerados como iguais. As mudanças ocorreram gradativamente, até que o Taoísmo passou a pregar que as mulheres eram criaturas malévolas, que sugavam a energia vital dos homens, reduzindo o tempo de vida deles e impedindo-os de atingir a imortalidade.[5]

Apesar disso, ao longo da história, a arte e a literatura chinesas mostraram um quadro diferente, em que homens e mulheres eram considerados seres absolutamente iguais, que apreciavam a companhia uns dos outros. De fato, o ato sexual era considerado uma união espiritual, em que a mulher secretava a energia yin, e o homem, a energia yang.

Na realidade, a maioria das pessoas vivia entre esses dois extremos, e as mulheres em geral eram consideradas cidadãs de menor importância. Isso fazia com que os homens pudessem viver com harmonia e equilíbrio, mas só na medida em que as mulheres aceitavam cumprir, com passividade e resignação, o papel que lhes cabia.

Essa é a razão por que muitos dos livros antigos parecem extremamente sexistas aos nossos olhos. No entanto, eles foram escritos numa época em que isso era considerado algo perfeitamente normal e, portanto, não era questionado. Yin e yang estão sempre num estado de tensão dinâmica, e, no passado, yang predominava sobre yin. Hoje, existe muito mais equilíbrio entre essas duas forças, embora seja importante perceber que, no momento em que o yin aumenta, o yang diminui, e vice-versa. Isso acontece o tempo todo em todos os relacionamentos. É preciso haver sempre equilíbrio entre dar e receber, de ambos os lados, e o símbolo yin-yang mostra exatamente isso.

Os Cinco Elementos

Os antigos chineses também acreditavam que todas as coisas eram feitas com um dos cinco elementos: madeira, fogo, terra, metal e água. Todas as pessoas são regidas por um desses elementos, dependendo da data do nascimento delas. Você pode saber qual é o seu elemento pessoal consultando o Apêndice (ver página 133).

Os cinco elementos podem ser retratados na forma de ciclos. O primeiro deles é chamado Ciclo da Criação (ver Figura 1G). Cada elemento ajuda a criar o seguinte, nesse ciclo. Portanto, a madeira queima e produz o fogo. Quando o fogo queima, ele dá origem à terra. Da terra vem o metal. O metal liquidifica, simbolizando a água. A água nutre e produz a madeira. A madeira queima e cria o fogo novamente. Como você pode ver, esse é um ciclo que nunca tem fim.

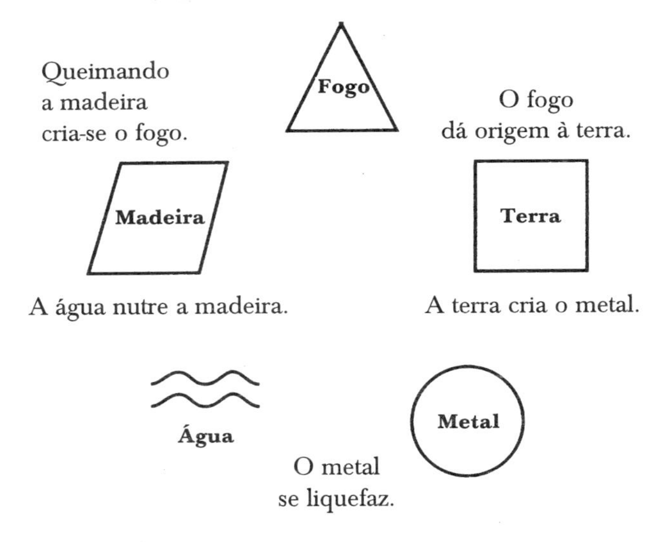

Figura 1G: O Ciclo da Criação dos Cinco Elementos

O ideal seria que você tivesse em sua casa objetos relacionados tanto com o seu elemento pessoal quanto com o elemento que vem imediatamente antes, no ciclo da criação. Isso porque esse elemento ajuda a criar o seu elemento pessoal. A água cria a madeira, por exemplo.

O Ciclo da Destruição funciona de modo contrário. O fogo pode derreter o metal. O metal pode cortar a madeira. A madeira exaure a terra. A terra é capaz de represar a água, absorvê-la ou bloquear sua passagem. A água pode apagar o fogo.

Esses ciclos são extremamente úteis para determinar a compatibilidade entre as pessoas e para ajudar a resolver problemas de relacionamento.

Fogo

Cor: Vermelho
Forma: Triangular
Objetos: Velas; qualquer coisa de cor vermelha

O fogo pode aquecer, cozinhar os alimentos e reavivar nossas forças. No entanto, ele também pode queimar e destruir. Essa dualidade também faz parte do temperamento da pessoa regida pelo elemento fogo.

Essas pessoas são líderes natos, porque são animadas e passionais, e têm habilidade para motivar e inspirar os outros. Elas apreciam idéias e conceitos novos, e estão constantemente em busca de mudança e variedade. Seu dia-a-dia é cheio de altos e baixos, pois elas raramente pensam no que está por vir. As pessoas do elemento fogo são honestas e esperam que os outros também sejam. Essa certa ingenuidade pode levá-las a enfrentar situações difíceis. Elas têm mais facilidade para começar as coisas do que para terminá-las. São positivas e otimistas. Não importa o que aconteça, elas sempre estão prontas para começar outra vez se for preciso. São afetuosas, entusiasmadas e têm uma alma sempre jovem.

Terra

Cor: Amarelo
Forma: Quadrada
Objetos: Objetos de cerâmica ou argila; cristais

A terra acalenta e regenera. As pessoas regidas por esse elemento são estáveis, firmes e confiáveis. Também são pacientes, prestativas e fortes. Costumam ser muito práticas, além de ter os pés no chão e ser muito espirituosas. São criaturas lógicas, que pensam antes de agir. A teimosia e a resistência a mudanças também são traços típicos das pessoas do elemento terra. Elas são capazes de pôr em prática um projeto e levá-lo até o fim. Não são tão versáteis quanto as nascidas sob a regência dos outros elementos; preferem fazer uma coisa de cada vez, mas fazer todas com perfeição. Elas não sentem a necessidade de ser elogiadas, pois é um prazer para elas atingir um objetivo a que se propuseram. O prazer da realização já é uma recompensa para elas. Trata-se de pessoas preparadas para o trabalho árduo e longo e em geral são muito bem-sucedidas do ponto de vista financeiro.

Metal

Cor: Branco
Forma: Circular
Objetos: Qualquer coisa metálica

O metal costuma ser associado ao ouro ou ao dinheiro. No entanto, ele também pode ser relacionado com a espada ou com o punhal. Por isso, o metal tem um poder tanto criativo quanto destrutivo.

As pessoas do elemento metal são rígidas, ambiciosas e obsessivas quando têm um objetivo em mente. Elas acreditam em si mesmas e se levam a sério. Raramente confiam nos outros, preferindo resolver sozinhas os problemas. São naturalmente independentes e detestam que lhes digam o que fazer. Geralmente têm um bom saldo bancário, pois são dotadas de uma curiosa combinação de raciocínio lógico e intuição, que as ajuda a tomar as decisões certas quando a questão é dinheiro. Elas se levam tão a sério que não suportam sequer o pensamento de que outros possam rir delas.

Água

Cor: Azul e preto
Forma: Ondulante, horizontal
Objetos: Qualquer coisa que contenha água

A água está estreitamente ligada à criatividade e às emoções. Existem lagoas de águas tranqüilas e quietas, mas os oceanos também podem ter um poder ferozmente destrutivo. A chuva fina fecunda a terra, mas os furacões torrenciais devastam tudo que está no caminho.

As pessoas do elemento água costumam ser musicais. Mesmo que não cantem nem toquem um instrumento, elas provavelmente têm bom ouvido e gostam de ouvir música. São pessoas gentis, que não gostam de ferir os sentimentos dos outros. Mesmo assim, são capazes de defender seu ponto de vista pessoal de forma sutil e serena. São naturalmente intuitivas, além de perceber instantaneamente nuanças sutis que as pessoas pertencentes aos outros elementos deixam escapar. Elas são flexíveis, adaptáveis e se deixam influenciar facilmente pelos outros. São emotivas, sensíveis e extremamente imaginativas. Costumam ser criativas, mas, justamente por ter muitos talentos, em geral têm dificuldade para se concentrar num só campo criativo.

Madeira

Cor: Verde
Forma: Retangular
Objetos: Flores, plantas naturais

A energia da madeira é expansiva e abrangente. Os antigos druidas reverenciavam as árvores porque as raízes invadiam os subterrâneos, o tronco habitava este mundo e os galhos se estendiam em direção ao céu.[6] A energia da madeira pode ser flexível, como os galhos do salgueiro, ou sólida, como um carvalho.

As pessoas do elemento madeira são sociáveis e ambiciosas. Prestam atenção aos detalhes e costumam ser ótimos administradores e executivos. Elas gostam de planejar o futuro e geralmente têm uma lista de objetivos que sempre acabam atingindo. São extremamente éticas e têm elevados princípios morais, mesmo quando lidam com pessoas que não têm princípios tão elevados. As pessoas do elemento madeira têm boas amizades e patrões, quando são generosas e boas. No entanto, costumam ter dificuldade para se expressar da forma clara como gostariam, e isso pode deixá-las frustradas, impacientes ou com raiva.

As Escolas do Feng Shui

Nos primeiros dois mil e quinhentos anos da existência do feng shui, só havia uma escola dessa arte. Essa escola se pautava na geografia do terreno para tirar suas conclusões. Os antigos chineses achavam que viviam melhor, com mais harmonia, quando a casa em que moravam era voltada para o sul e tinha atrás montanhas que a protegessem dos ventos gelados do norte. Esse é um exemplo de como eles se baseavam nas formas do terreno para determinar o lugar ideal para se construir uma casa. Não é de se surpreender que essa escola fosse conhecida como Escola da Forma.

A primeira menção à bússola data de 206 a.C.[7] Essa invenção permitiu que os chineses usassem as direções da bússola e as relacionassem com a data de nascimento das pessoas. Pela primeira vez, o feng shui foi usado para atender as necessidades específicas de cada pessoa. Esse método é conhecido como Escola da Bússola.

Esses dois sistemas desenvolveram-se de forma independente, embora nos últimos cem anos os praticantes de feng shui tenham usado uma combinação dessas duas escolas.

Existem muitas outras escolas de feng shui, mas são todas subdivisões das Escolas da Forma e da Bússola. A Escola da Estrela Voadora, por exemplo, fundamenta-se nas tendências futuras e faz parte da Escola da Bússola.

O feng shui difundiu-se pelo mundo e sofreu várias alterações para suprir as necessidades das pessoas que o usavam. Na Índia, por exemplo, o feng shui é conhecido pelo nome de Vastu Shastra e se baseia na astrologia hindu, em vez da chinesa.

Nos próximos capítulos examinaremos tudo isso em detalhes.

Capítulo 2

O Incrível Ba-Guá

O ba-guá se originou do quadrado mágico que Fu descobriu entre as marcas do casco da tartaruga, há cerca de cinco mil anos. Cada uma das nove partes que compõem o quadrado relaciona-se com um aspecto diferente da nossa vida.

O primeiro quadradinho, no canto esquerdo do quadrado mágico, relaciona-se com a Abundância. Nós ativamos essa área para aumentar nossos rendimentos e melhorar de vida.

Ao lado do quadrado da Abundância está a área do Sucesso, relacionada com a nossa reputação e posição na comunidade. No entanto, ela também pode ser ativada de várias formas, caso você queira ficar famoso.

A área do Casamento, que fica no canto direito, é o nosso maior interesse neste livro. Podemos ativá-la para encontrar uma pessoa especial ou para melhorar nosso relacionamento amoroso.

A área da Família e da Saúde está exatamente embaixo da área da Abundância, do lado esquerdo do ba-guá. Podemos ativar essa área nas ocasiões em que estivermos enfrentando problemas familiares ou quando um membro da família estiver doente.

O centro do ba-guá é conhecido como o Centro da Sorte ou Centro Espiritual. O ch'i atraído para esse local se espalha pela casa inteira. É um dos melhores lugares para a família se reunir e fazer algo em conjunto. Pode ser um ótimo local para a sala de jantar, por exemplo.

Abun-dância	**Sucesso**	**Casa-mento**
Família e Saúde	**Centro da Sorte**	**Filhos**
Conheci-mento	**Carreira**	**Mentores e Viagens**

A entrada principal fica sempre deste lado do quadrado

Figura 2A: As Aspirações do Ba-guá

Do lado direito do Centro da Sorte fica a área dos Filhos. Podemos ativar essa área se quisermos ter filhos ou se estivermos tendo problemas com eles.

No canto inferior esquerdo está a área do Conhecimento. Esse é um bom lugar para se guardar livros e estudar. Essa área pode ser ativada quando estivermos aprendendo algo.

Ao lado da área do Conhecimento fica a área da Carreira. Podemos ativar essa parte da casa para progredir na vida profissional ou nos negócios.

Finalmente, no canto inferior direito, está a área dos Mentores e das Viagens. Os mentores são, em geral, pessoas mais velhas que podem nos ajudar com conselhos ou ensinamentos. É possível atrair esse tipo de pessoa ativando essa área. Também podemos ativar essa parte da casa, caso pensemos em viajar (ver Figura 2A).

O ba-guá é colocado sobre a planta baixa da casa, com a linha inferior do quadrado no lado da casa em que fica a porta da frente ou a entrada principal. Portanto, se você entrar pela porta da frente e andar em diagonal até o canto esquerdo da casa, você encontrará a área da Abundância. Se fizer o mesmo para a direita, você encontrará a área do Casamento, a mais importante para nossos propósitos.

Podemos ativar qualquer área da casa que quisermos. Isso em geral é feito aumentando-se a quantidade de luz na parte da casa que corresponde à área do nosso interesse, a fim de atrair mais ch'i para esse local. Também podemos usar outras soluções do feng shui para conseguir os resultados que queremos. Se nossa intenção é ganhar mais dinheiro, por exemplo, podemos ativar a área da Abundância, colocando nesse local algo que esteja relacionado ao nosso elemento pessoal. Também temos a opção de colocar ali um objeto metálico, uma vez que o metal está relacionado com o dinheiro. Podemos até pôr nessa parte da casa um aquário, pois água significa dinheiro e os peixes representam progresso futuro. Precisamos, no entanto, fazer essas coisas com cuidado. Se o seu elemento pessoal for fogo, por exemplo, é melhor não colocar um aquário na área da Abundância, pois a água apaga o fogo, de acordo com o ciclo destrutivo dos elementos.

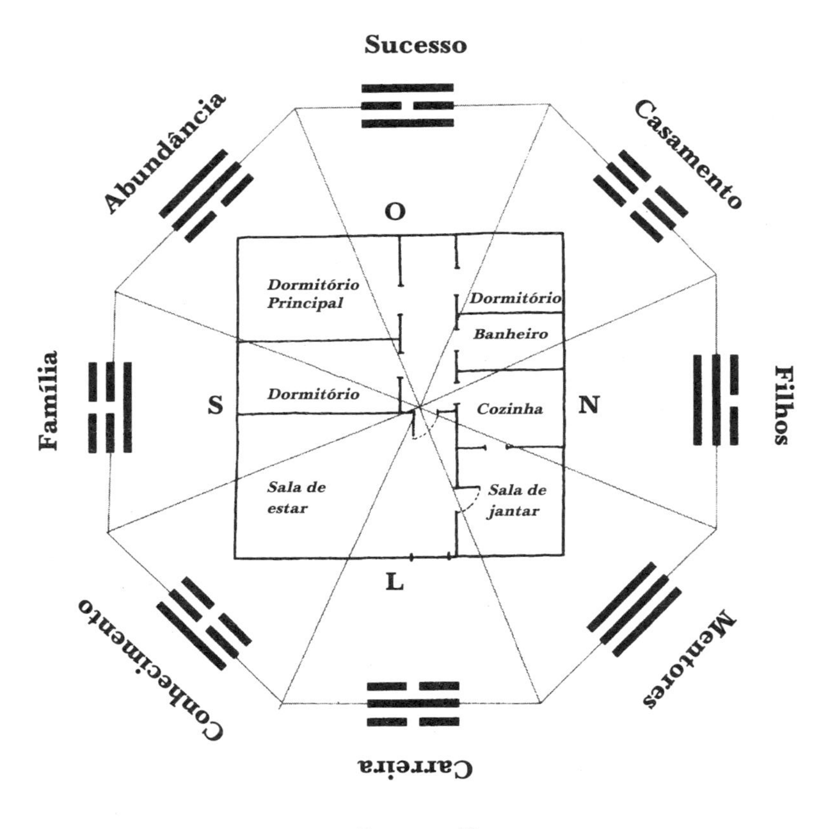

Figura 2B

O ba-guá adapta-se perfeitamente às casas de formato quadrado (Figura 2B). Ele também se ajusta muito bem às casas de formato retangular (Figura 2C). No entanto, surgem alguns problemas quando a casa não tem um formato regular. Por exemplo, à casa mostrada na Figura 2C, falta a área do Casamento. Não é preciso dizer que isso exercerá um efeito enorme sobre o casamento do casal que mora ali ou sobre suas expectativas com relação à vida afetiva.

Felizmente, existem várias soluções para pôr um fim nesse tipo de problema. Em Taiwan, a solução seria colocar um lampião sobre uma estaca, justamente no ponto do jardim em que ficaria o canto da casa, caso ela tivesse um formato regular. No mundo ocidental, as pessoas costumam pendurar sinos tibetanos ou plantar árvores nesse mesmo ponto. Mas isso nem sempre é possível. Se você mora num apartamento, por exemplo, esse local poderia ficar bem no meio da sala do vizinho!

Outra solução seria pendurar cristais nas janelas das duas paredes que demarcam a seção que está faltando. Isso faria com que, simbolicamente, a casa ficasse quadrada.

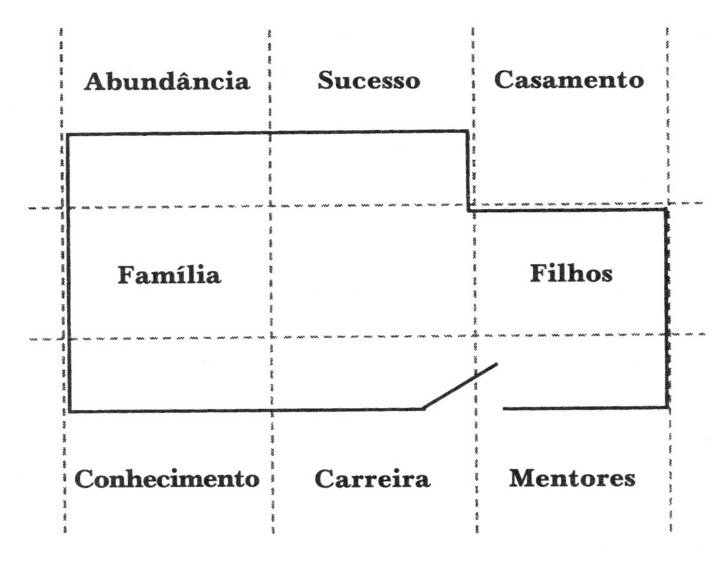

Figura 2C

Se não houver nenhuma janela nessas paredes, pode-se usar espelhos. Os espelhos são uma das soluções mais eficazes do feng shui e, nesse caso por exemplo, um grande espelho deveria ser colocado em cada parede. Os espelhos refletem de volta a imagem que captam e fazem, portanto, o canto que falta desaparecer. Quanto maior o espelho, melhor. Espelhos pequenos cortam os pés e a cabeça das pessoas, por isso, de modo geral, é melhor usar um espelho grande do que um pequeno, quando se trata do feng shui. Algumas vezes, no entanto, o *layout* da casa ou a decoração impedem que se use um espelho grande. Nesse caso, não existe outra alternativa a não ser usar um espelho pequeno.

Uma amiga minha retificou a área do Casamento, que faltava em seu apartamento, com dois espelhos pequenos que ficavam ocultos atrás do sofá. Depois de um mês que havia colocado os espelhos ali, ela marcou seu primeiro encontro, depois de ter ficado um ano sem sair com ninguém.

— Eu sabia que os espelhos estavam lá — ela me contou.

E foi isso que fez toda a diferença.

O ba-guá pode ser colocado sobre a planta da casa toda ou sobre cada cômodo em separado. Conseqüentemente, uma outra solução nos casos em que falta à casa a área do Casamento é ativar essa área em cada um dos cômodos, principalmente no dormitório.

É claro que você poderá descobrir que alguns cômodos também têm um formato irregular e isso também terá de ser solucionado. Conheço um homem que, embora tenha cerca de 45 anos de idade, ainda mora com a mãe. Ele nunca chegou a ter um relacionamento sério. Quando visitei a casa dele, percebi que o quarto em que ele dormira a vida inteira não tinha a área do Casamento. Sugeri que ele colocasse cristais nas janelas para remediar essa falta, mas poucos dias depois a mãe dele os tirou dali. Ela não sabia nada sobre feng shui, mas deve ter percebido intuitivamente que ela corria o risco de perder o filho, caso deixasse os cristais na janela. Até que ele faça algo para compensar a área que falta em seu quarto, tenho certeza de que vai continuar solteiro.

Como Ativar o Setor do Casamento

O setor do Casamento mais importante da casa é aquele delimitado pelo ba-guá, quando sobreposto à planta da casa inteira. O segundo mais importante é o que fica no dormitório, seguido pelo da sala de estar e, então, pelos que ficam nos outros cômodos.

Comece aumentando a iluminação nessa parte da casa. Se a área do Casamento da casa ficar num lugar sombrio e mal-iluminado, é provável que seus relacionamentos sejam apáticos e sem graça. Você pode aumentar a quantidade de luz abrindo as persianas e cortinas durante o dia. À noite, acenda muitas luzes nessa parte da casa, até a hora em que for dormir. Os cristais são uma maneira eficaz de atrair luz para a área que você quer ativar.

Livre essa área da bagunça, que pode tomar várias formas. Uma pilha de revistas velhas que fica acumulando poeira é um bom exemplo. Se as revistas estiverem sendo usadas e consultadas regularmente, elas não são consideradas bagunça, desde que fiquem em ordem.

Uma senhora que eu conheço guarda no setor do Casamento do quarto caixas de cartões em que ela registra dados financeiros de uma empresa. Você pode imaginar como a vida amorosa dela é pouco excitante!

Uma outra conhecida minha reclamava que sua vida afetiva era aborrecida. Ela descobriu, então, que o marido, antes de dormir, trocava-se no setor do Casamento do dormitório e deixava as roupas espalhadas pelo chão. Isso fazia com que uma parte vital do quarto ficasse bagunçada todas as noites durante várias horas. Ela e o marido mal puderam acreditar na mudança que ocorreu no relacionamento, depois que ele passou a colocar as roupas em outro lugar, em vez de espalhá-las pelo chão.

Coloque na área do Casamento do seu dormitório algo que esteja relacionado com o seu elemento pessoal ou com o elemento que o precede, de acordo com o ciclo criativo dos elementos. Se o seu elemento é madeira, por exemplo, você pode colocar nessa área um bonito vaso de plantas. Uma alternativa seria colocar ali um pequeno aquário (pois a água precede a madeira no ciclo da criação e isso significa que a água nutre a madeira). Só tenha em mente que, seja o que for que você coloque nessa área, é preciso que esse objeto receba seus cuidados. O vaso de plantas precisa ser regado regularmente. Se você pertence ao elemento metal, pode optar por uma estatueta de metal ou algum outro ornamento metálico. Também nesse caso, é preciso conservar o objeto limpo e sem poeira. Um objeto empoeirado no setor do Casamento é sinal de um relacionamento desgastado e sem brilho. Mantenha tudo limpo, fresco e brilhando, e assim você fará com que seus relacionamentos tenham as mesmas qualidades.

Se você já tem um parceiro, coloque na área do Casamento algo relacionado com o elemento de cada um de vocês. Só não faça isso se você vive com alguém cujo elemento pessoal fica próximo ao seu, no ciclo destrutivo. (O ciclo destrutivo é: o fogo destrói o metal, o metal corta a madeira, a madeira exaure a terra, a terra represa e bloqueia a água e a água apaga o fogo.) Se for esse o seu caso, vocês precisam ter na área do Casamento algo relacionado ao elemento que esteja entre o de vocês, no ciclo da criação.

Se você pertence ao elemento fogo e seu parceiro ao metal, opte por colocar no setor do Casamento do dormitório algo que esteja relacionado com o elemento terra. (Isso porque a terra fica entre o fogo e o metal, no ciclo criativo.)

Um outro exemplo seria o caso de você pertencer ao elemento água e seu parceiro ao elemento terra. Se isso acontecer, um objeto metálico no setor do Casamento neutralizaria os aspectos destrutivos dos dois elementos, e ajudaria a criar uma relação mais harmoniosa e feliz.

Finalmente, você pode atrair alguém especial para a sua vida, colocando nesse setor algo que represente amor e romance. Isso varia muito de pessoa para pessoa. Você talvez optasse por pendurar um pôster, retratando um casal andando de mãos dadas por uma praia deserta. Ou talvez colocasse no setor do Casamento um porta-jóias com formato de coração.

Uma senhora que eu conheço mantém uma cesta com frutas frescas no setor do Casamento de sua casa. Quando era apenas uma menina, ela se apaixonou por um garoto que era seu vizinho. Ele sempre dava a ela de presente uma maçã ou uma laranja, e mesmo hoje, trinta anos depois, para ela as frutas frescas simbolizam o amor.

O setor do Casamento precisa ter sempre uma aparência agradável e convidativa. Portanto, é uma boa idéia manter no local móveis e outros objetos que você considere bonitos. Se essa parte da casa for atraente e acolhedora, você vai querer passar mais tempo ali. Dessa forma, você mandará subconscientemente energias positivas para o universo e atrairá a pessoa certa para você.

Em muitos casos, só o fato de ativar o setor do Casamento já é o suficiente para se conseguir resultados imediatos, quase milagrosos. No entanto, isso não funciona assim para todo mundo. É importante ter paciência. Tenha sempre confiança de que, ao ativar essa parte da casa e cuidar dela com carinho, você está abrindo caminho para que a pessoa certa surja em sua vida.

Cultive o hábito de passar algum tempo no setor do Casamento da sua casa. Tenha só pensamentos agradáveis enquanto estiver ali. Não fique nessa parte da casa quando você estiver triste, estressado ou com raiva. Faça com que esse lugar seja sempre um oásis de paz e tranqüilidade. Nós atraímos para nós aquilo em que pensamos. Por isso, nada melhor do que se sentar nesse lugar da casa e pensar sobre o amor e a felicidade que estão prestes a se tornar realidade.

Capítulo 3

Como Atrair o Amor Para a Sua Casa

Todos nós queremos amor na nossa vida. Para algumas pessoas isso é fácil, mas para outras parece um sonho inatingível. Felizmente, existem muitas coisas que podemos fazer no ambiente doméstico para que a nossa vida fique repleta de paz, harmonia – e amor.

A Porta da Frente

A entrada principal é, na verdade, a "boca" da casa. A maior parte do ch'i entra pela porta principal. Por isso, ela não pode ser nem muito grande nem muito pequena, com relação ao tamanho da casa. Se for larga demais, os moradores se sentirão pequenos. Se for muito pequena com relação à casa, o ch'i ficará constrito e terá dificuldade para entrar.

A porta da frente também deve ser de fácil localização. Se os visitantes acharem difícil encontrá-la, com o ch'i acontecerá o mesmo. Portanto, ela precisa ter uma aparência convidativa. Além disso, convém que as pessoas que estiverem na soleira da porta possam ver parte do interior da casa (ver Figura 3A).

Figura 3A: Uma entrada convidativa

Certifique-se de que a porta da frente esteja protegida de shars, ou setas envenenadas. O pior shar possível é aquele que ocorre nos casos em que uma rua converge diretamente para a porta principal da casa. Felizmente, uma cerca viva, um muro ou um grupo de árvores podem ser usados para fazer com que o shar desapareça simbolicamente. Se isso não for possível, um espelho ba-guá pode ser usado para refletir o shar de volta para o local de onde ele veio.

Um caminho em linha reta que vá da calçada até a porta da frente também cria um shar que afeta a casa inteira. Shars como esse podem ser facilmente solucionados quando ficam no seu próprio terreno. Se possível, dê novo traçado ao caminho, de modo que ele faça uma curva suave. Outra alternativa seria fazer um caminho que fosse em linha reta em direção à casa, mas não desse bem na frente da porta, e sim fizesse uma curva de noventa graus em direção à entrada. (Figura 3B).

Os antigos chineses acreditavam que os fantasmas só podiam andar em linha reta. Se o caminho que leva até a casa fosse sinuoso ou tivesse curvas abruptas, os fantasmas não conseguiriam entrar pela porta da frente.

Você pode fazer com que esse caminho fique mais bonito e convidativo margeando-o com flores ou plantas pequenas. Ambos criam e estimulam o ch'i, pois essa energia é atraída por tudo que é belo na natureza.

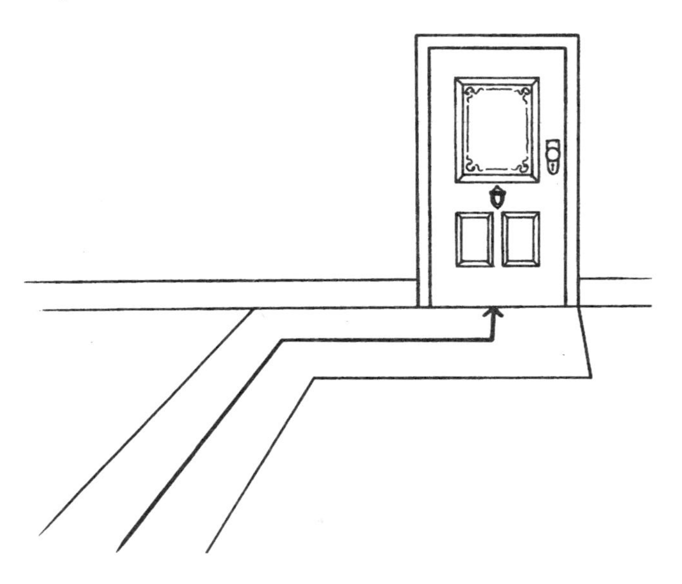

Figura 3B: Solução para um shar que afeta a porta da frente

Os animais são muito usados no feng shui, para dar proteção. Se você sente necessidade de algum tipo de proteção, você pode colocar um par de estátuas de animais do lado de fora da porta. Os leões costumam ser usados com esse propósito.

Do ponto de vista do feng shui, não convém que os visitantes, assim que entrem pela porta da frente, vejam uma escada que leve para um andar superior. Isso confundiria o ch'i, que não saberia se convém permanecer no térreo ou subir ao andar de cima. Também se acredita que, num caso como esse, os moradores tenderiam a ir diretamente para seus aposentos, assim que entrassem em casa, em vez de apreciar a companhia dos outros membros da família.

Um lustre ou um móbile de cristal seriam ótimas soluções nesse caso. O lustre teria de ser pendurado no teto, entre a porta de entrada e a escada.

Também não convém, do ponto de vista do feng shui, que os visitantes vejam a porta dos fundos ao entrar pela porta da frente. Nesse caso, o ch'i chegaria pela porta da frente e, imediatamente, sairia de novo pela porta dos fundos. Você pode corrigir isso usando um biombo para encobrir a porta dos fundos.

Às vezes, a porta dos fundos fica no final de um longo corredor, criando um shar interno. O ch'i adquire um ritmo mais rápido quando flui em linha reta. Podemos diminuir esse ritmo de uma forma ou duas. Pode-se pendurar três espelhos ou mais nas duas paredes do corredor, alternando-os. Isso força o ch'i a fazer um movimento ondulatório, que diminui o ritmo com que ele flui. Outra alternativa seria pendurar cristais no teto, que atrairiam da mesma forma o ch'i, diminuindo seu ritmo.

Não é bom, do ponto de vista do feng shui, quando se pode ver o lavabo ou o banheiro da porta da frente. Isso porque, nessa arte chinesa, água significa dinheiro. Conseqüentemente, ver a água escoando pelo ralo ou pelo cano do esgoto não é um bom feng shui, pois seria o mesmo que ver o dinheiro desaparecer. Os lavabos e os banheiros criam um ch'i negativo e devem ficar numa parte mais isolada da casa, onde quase não sejam visíveis. Se for possível ver o banheiro ou o lavabo da porta da frente, procure manter a porta desses cômodos sempre fechada. Você também pode colocar um espelho nessas portas, para fazer com que esses cômodos desapareçam simbolicamente.

A Sala de Estar

A sala de estar deve ficar razoavelmente perto da porta da frente. Também convém que ela seja confortável e aconchegante. Nesse cômodo, os moradores da casa devem dispor objetos que reflitam seus interesses.

Toda sala tem algumas posições de poder. Trata-se de poltronas ou sofás cuja posição permite que se veja a entrada principal do cômodo quando se está sentado neles, sem que seja preciso virar a cabeça. No mundo oriental, considera-se um gesto de gentileza oferecer esses lugares às visitas e escolher para si um lugar menos auspicioso.

Se você mora sozinho, procure usar todos os assentos da sala de estar ou de jantar. Se você costuma usar sempre a mesma cadeira ou poltrona, isso funciona como uma mensagem subconsciente de que você não quer que os outros assentos sejam ocupados. Conseqüentemente, se você quer encontrar o amor da sua vida, é melhor que você varie o lugar em que se senta, sempre que possível.

Uma conhecida minha sofria de uma terrível solidão, até que eu a incentivei a usar os outros assentos da casa. Ela agora tem um novo parceiro e formou um grupo de amigos que joga bridge na casa uns dos outros. Ela é agora uma mulher tão ocupada e feliz que não tem mais tempo para se sentir sozinha.

Naturalmente, é preciso dar uma atenção especial ao setor do Casamento da sala de estar. Coloque nessa área enfeites bonitos e objetos que o façam se lembrar de amor e romance. Se você já tem um parceiro, mas parece que falta paixão entre vocês, procure colocar nessa área algo vermelho. Isso ajudará a revitalizar a relação.

A Cozinha

A parte mais importante da cozinha é o forno, que costuma ser considerado a sede das riquezas da família. É importante que a pessoa que está ao fogão possa ver quem entra na cozinha sem ter de virar a cabeça. Do contrário, acredita-se que ela pode levar um susto quando alguém entrar sem que ela veja, o que afetará a qualidade da comida. Os espelhos podem ser uma solução, caso essa pessoa fique de costas para a entrada da cozinha.

A geladeira deve ficar sempre cheia de alimentos. Isso significa riqueza e abundância. Uma geladeira quase vazia indica falta de abundância, inclusive na vida afetiva e em outros aspectos da vida.

Certifique-se de que não há nenhuma torneira pingando na cozinha, pois isso significaria que o dinheiro está escoando pelo ralo. Canos de esgoto também não devem ficar à vista pelo mesmo motivo.

A Sala de Jantar

A sala de jantar deve parecer ampla e espaçosa. O item mais importante da mobília da sala de jantar é a mesa. As pessoas à mesa devem ter espaço suficiente para se sentar ou se levantar sem se sentirem tolhidas em seus movimentos. Se você mora sozinho, não deixe de se sentar em todas as cadeiras em volta da mesa, para incentivar as visitas.

A sala de jantar está relacionada à abundância. Se quiser, você pode colocar um grande espelho nessa sala, para refletir as refeições servidas à mesa e fazer com que elas pareçam duplicadas.

Uma fruteira com frutas frescas, deixada sobre a mesa, simbolizará o amor, assim como a plenitude e a abundância. Não se esqueça de deixar a fruteira sempre cheia de frutas.

O Banheiro e o Lavabo

Esses cômodos devem ficar nos lugares mais discretos da casa. Isso proporciona privacidade às pessoas que os usam. O ideal seria que ficassem junto a uma parede externa da casa, pois eles criam ch'i negativo. Um lavabo no meio da casa espalha ch'i negativo para a casa inteira.

Do ponto de vista do feng shui, é melhor que o chuveiro e o vaso sanitário fiquem em lugares diferentes. Se isso não for possível, uma meia parede ou uma divisória entre eles proporcionará um pouco de privacidade.

Quartos com banheiro são muito comuns no Ocidente, embora não sejam bem vistos pelos praticantes do feng shui. O ch'i negativo criado no banheiro espalha-se pelo quarto. Além disso, o banheiro em geral faz com que um quarto quadrado ou retangular adquira um formato irregular, o que causa problemas do ponto de vista do feng shui.

O banheiro e o lavabo nunca devem ficar no setor da Abundância da casa. Naturalmente, a água escoa pelo cano nesses cômodos e, como no feng shui a água simboliza o dinheiro, haverá uma perda gradativa de valores, caso esses cômodos estejam no setor da Abundância.

O ideal seria que nem o banheiro nem o lavabo ficassem no setor do Casamento, pois nesse caso seria como se o amor e o romance também fossem por água abaixo, quando se dá a descarga.

Felizmente, existem soluções para os casos em que o banheiro está localizado no setor da Abundância ou do Casamento. Primeiro, mantenha a porta desse cômodo fechada sempre que possível. Coloque espelhos nas duas paredes opostas do banheiro para que ele desapareça simbolicamente. Alguns praticantes de feng shui acham melhor que se usem quatro espelhos, mas eu só sugiro esse procedimento nos casos em que isso é viável. Finalmente, um espelho deve ser colocado do lado de fora da porta, para que simbolicamente o banheiro fique invisível para quem olha de fora.

O Dormitório

Quando se trata de relacionamento, o cômodo mais importante da casa é o dormitório, e justamente por isso nós o deixamos por último.

É preciso que incentivemos ao máximo o fluxo de ch'i nesse cômodo durante o dia, pois todos passamos várias horas dormindo ali à noite. Em vista disso, as venezianas devem ficar abertas durante o dia, para que a luz invada o quarto. Se possível deixe também as vidraças abertas. Embora a luz do sol seja extremamente benéfica, não convém que ela bata diretamente sobre a cama, pois se acredita que isso pode ativar demais a cama, fazendo com que seja difícil pegar no sono. No entanto, se você está começando um relacionamento novo, uma cama superativada pode ser exatamente o que você quer!

A cama deve ficar encostada a uma parede para que tenha apoio. Nunca deixe os pés da cama voltados diretamente para a entrada principal do quarto (Figura 3C). Essa

Figura 3C: Cama na posição do caixão

posição é conhecida como a posição do caixão. Na antiga China, os cadáveres eram queimados de acordo com o horóscopo do falecido, motivo pelo qual às vezes tinham de esperar até um mês para poder ser queimados. Enquanto isso, os caixões eram alinhados no pátio dos templos. Quando os chineses vêem os pés da cama voltados para a porta, isso os faz lembrar a posição dos caixões.

A cama deve ficar numa posição em que seus ocupantes possam ver qualquer pessoa que entre no quarto pela porta principal, sem precisar virar a cabeça mais do que noventa graus (Figura 3D). O sono é o período em que ficamos mais vulneráveis, e esse conceito do feng shui reflete justamente o medo causado por essa vulnerabilidade. Caso não seja possível posicionar a cama dessa forma, pode-se certamente usar um espelho para que se possa ver quem entra no quarto, sem precisar virar a cabeça.

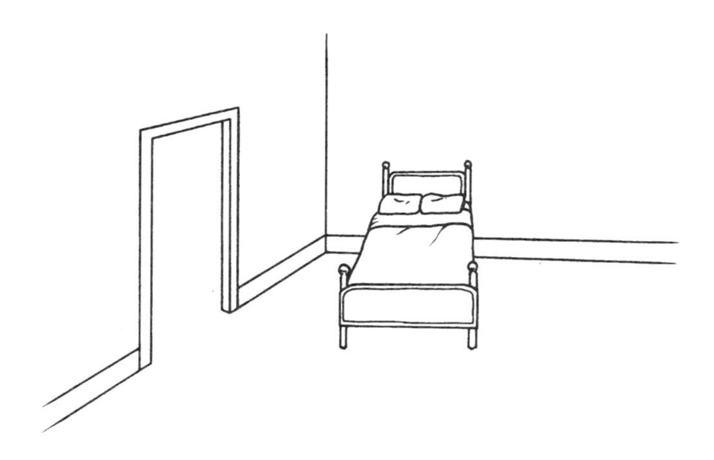

Figura 3D: Posição da cama com relação à entrada do quarto

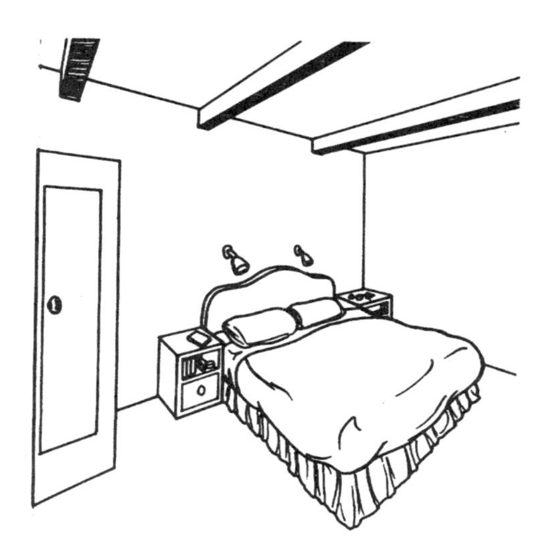

Figura 3E: Vigas sobre a cama

Vigas aparentes funcionam como shars e são consideradas um fator negativo em qualquer cômodo da casa. Elas são prejudiciais principalmente no quarto, pois acredita-se que as pessoas que dormem embaixo delas acabarão adoecendo nas partes do corpo sobre as quais a viga fica atravessada (Figura 3E).

Se não houver outra alternativa, é melhor que as vigas fiquem paralelas à cama, em vez de atravessá-la. Quando paralelas à cama, no entanto, as vigas podem afetar o relacionamento do casal, pois formam uma barreira simbólica entre as duas pessoas.

O melhor remédio para isso é livrar-se das vigas ou removendo-as ou rebaixando o forro, para que não fiquem à mostra. Uma outra alternativa seria usar uma solução tradicional do feng shui: pendurar em cada viga uma flauta de bambu, com uma fita ou um fio vermelho.

Do ponto de vista do feng shui, quanto mais espelhos pela casa, melhor. No entanto, é preciso ter cuidado ao colocá-los no quarto. Alguns praticantes de feng shui dizem, inclusive, que não convém usar espelhos no quarto, pois os reflexos podem dar a impressão de que há outras pessoas no aposento, e isso pode atrapalhar o relacionamento do casal. Um espelho voltado para os pés da cama é a pior opção. Existem duas razões para isso. Existe a crença de que um espelho nessa posição causa um efeito nocivo sobre os relacionamentos íntimos. No feng shui tradicional, também acredita-se que, se você acordar no meio da noite e se sentar na cama, poderá ver seu reflexo no espelho e pensar que se trata de um fantasma.

Minha mulher e eu temos apenas um espelho no quarto e ele foi colocado de forma a não refletir a cama. Se você tem receio de colocar um espelho no dormitório, opte por colocá-lo no banheiro ou no quarto de vestir, lugares em que não causará nenhum mal.

Cores pastéis e luzes suaves também podem ajudar a criar um clima repousante e tranqüilo nesse cômodo. Luzes fortes e ofuscantes podem gerar uma atmosfera tensa e estressante.

Capítulo 4

A Compatibilidade no Feng Shui

A compatibilidade é um assunto fascinante. Por que nos sentimos atraídos por uma pessoa e temos repulsa por outra? Por que algumas pessoas têm ao longo da vida uma sucessão de parceiros que nada tem a ver com elas e outras encontram o parceiro perfeito antes de terminar o colegial? Esse tema é um mistério que interessa a todos nós.

O feng shui pode ajudá-lo a conhecer pessoas novas, mas você mesmo é quem decidirá qual delas é a ideal para você.

Um dos métodos para determinar o nível de compatibilidade entre duas pessoas baseia-se nos cinco elementos. Sentimos mais atração pelas pessoas cujo elemento vem antes ou depois do nosso, no ciclo criativo, do que pelas que pertencem a outros elementos. Também é provável que surjam problemas no relacionamento entre pessoas cujos elementos ficam lado a lado, no ciclo destrutivo.

Eis uma lista do tipo de relacionamento que cada combinação de elementos pode promover (Consulte o apêndice no final do livro para verificar o seu elemento pessoal e o do seu parceiro.):

Fogo/Fogo

As pessoas de fogo são positivas, otimistas e cheias de entusiasmo. A combinação de duas pessoas desse mesmo elemento pode ser extremamente forte. Uma pode inspirar na outra o que elas têm de melhor. As pessoas desse elemento podem ter um relacionamento duradouro, em que nenhum dos dois se sinta entediado com a companhia do outro.

Fogo/Terra

Trata-se de uma combinação harmoniosa, pois ambos têm talento para estimular e entusiasmar o parceiro. A imaginação excelente do fogo, combinada com a sensualidade da terra, dá origem a um relacionamento que pode ser bem-sucedido em todos os aspectos.

Fogo/Metal

O fogo tem o poder de derreter o metal, o que faz desta uma combinação complicada. A pessoa de metal tentará impor sua vontade sobre a de fogo e os resultados serão desastrosos. O ego da pessoa de fogo aos poucos cansará a pessoa de metal. Ambos gostam de competir e tentarão sobrepujar o parceiro. Felizmente, os dois têm senso de humor, o que pode amenizar as situações difíceis. Esse casal precisará ter algo do elemento terra em casa, para neutralizar os efeitos negativos dessa combinação.

Fogo/Água

A combinação do fogo e da água é problemática, pois a água apaga o fogo. No entanto, a água pode acrescentar criatividade ao entusiasmo e à energia do fogo, e as pessoas de fogo têm o poder de inspirar as pessoas do elemento água. Embora os dois tenham facilidade para se comunicar, eles poderão achar difícil fazer com que o outro compreenda seus sentimentos mais profundos. O casal precisará ter em casa algo do elemento madeira, para neutralizar os aspectos negativos dessa combinação.

Fogo/Madeira

Fogo e madeira formam uma combinação harmoniosa. A pessoa de madeira dá estabilidade à impulsividade do fogo. A energia e o entusiasmo do fogo pode motivar a pessoa de madeira a buscar um sucesso maior do que ela julgaria possível. Ambos são otimistas e têm uma mente aberta, sempre em busca de novas idéias e conceitos.

Terra/Terra

Esta é uma combinação extremamente positiva, pois ambos os parceiros preocupam-se em manter um padrão de vida elevado e em atender as necessidades do outro. Esse relacionamento pode parecer meio insípido para as pessoas de fora, mas na realidade ele é profundo, forte e passional. Os problemas podem surgir quando ambos são teimosos. No entanto, quando existe amor e boa vontade, desentendimentos passageiros são sempre resolvidos.

Terra/Metal

Esta é uma excelente combinação, pois os parceiros vão apoiar, respeitar e admirar um ao outro. A pessoa de metal é naturalmente paciente, o que é essencial no relacionamento com a pessoa de terra, que sempre procurará influenciar o outro no seu modo de pensar. A pessoa de metal proporcionará ao parceiro oportunidades mais amplas e excitantes. A pessoa de terra reforçará a ambição do metal com relação às finanças, fazendo com que o relacionamento também se torne economicamente estável.

Terra/Água

Essa combinação pode ser problemática, pois é bem provável que os parceiros acabem magoando um ao outro. A terra proporciona a estabilidade que falta à água, mas a teimosia da pessoa de terra funciona como um balde de água fria sobre o parceiro de água, bem mais sensível. (Aliás, essa combinação pode ser extremamente boa no campo comercial, pois a criatividade da água, aliada ao bom senso e à praticidade da terra, invariavelmente conduz ao sucesso.) Este casal vai precisar ter em casa algum objeto do elemento metal, para neutralizar qualquer dificuldade em potencial.

Terra/Madeira

A madeira extenua a terra, o que faz desta combinação algo bem complicado. A terra é estável, conservadora e precavida, enquanto a madeira é progressista, comunicativa e expansiva. Caso um resolva ajudar o outro, em vez de viverem brigando, essa combinação pode dar certo. Só é preciso que estejam preparados para expressar os sentimentos abertamente. Este casal deve ter em casa algo do elemento fogo, para neutralizar os aspectos negativos desta combinação.

Metal/Metal

Esta combinação funciona bem porque os dois parceiros têm um dom inato para entender o outro. Eles passarão pelos altos e baixos de todo relacionamento, mas, sempre que necessário, estarão preparados para fazer o que for preciso pelo bem comum. Para as outras pessoas, este relacionamento talvez pareça um pouco superficial. Isso porque a pessoa de metal geralmente prefere seguir seu próprio caminho e tratar de seus interesses sem a ajuda de ninguém. No entanto, ela convive muito bem com outras pessoas do seu elemento e é capaz de ter com elas um relacionamento estável e duradouro.

Metal/Água

Nesta eficaz combinação, um parceiro sempre representará para o outro uma ajuda significativa. Ambos são guiados pela intuição e pelos sentimentos e serão capazes de se comunicar entre si num nível subliminar. A pessoa de metal ensinará o parceiro a não se deixar influenciar pelos outros com tanta facilidade. A pessoa de água ajudará o parceiro de metal a expressar mais claramente os sentimentos e a deixar a vida seguir seu curso, em vez de se apegar ao velho.

Metal/Madeira

Este é um relacionamento potencialmente difícil. Pois um parceiro vai querer dominar o outro e convencê-lo de que as coisas devem ser feitas a seu modo. A pessoa de madeira gosta de companhia, mas a de metal vive perfeitamente bem longe de todos. Esse gosto pela solidão só deixará frustrado o parceiro de madeira, que sempre aprecia a companhia das pessoas. Ambos serão extremamente responsáveis. Como a pessoa de madeira é muito maleável, provavelmente se adaptará à necessidade que o parceiro de metal tem de reservar um tempo só para si. A pessoa de metal em geral ficará frustrada com a mania de perfeição do parceiro. Se ela ceder um pouco e concordar com algumas idéias do outro, o relacionamento irá muito bem. Mas será preciso que haja equilíbrio entre dar e receber.

Água/Água

O relacionamento entre duas pessoas de água pode dar a impressão de que foi "escrito nas estrelas". Os parceiros sentirão uma grande afinidade instintiva um pelo outro, e entenderão suas necessidades e desejos de maneira quase intuitiva. Essa combinação fortalece o poder de decisão de ambos e faz com que não sejam tão influenciados pelos outros. Um estimulará no outro a auto-estima e a confiança em si mesmo.

Água/Madeira

Esta é uma combinação extremamente positiva, pois a água nutre a madeira e a ajuda a crescer e a florescer. A madeira ajuda a água, proporcionando a esta estabilidade e senso de propósito. A água ensina a madeira a ter mais compaixão e também a ajuda a se expressar melhor. A pessoa de madeira eleva o ânimo do parceiro de água, que tem certa propensão para a melancolia. Ambos são honestos, éticos e compreensivos. Eles têm um vínculo intuitivo que nunca parará de crescer e se desenvolver.

Madeira/Madeira

Esta é uma combinação dinâmica e compatível. As pessoas de madeira são ativas e ocupadas e gostam de estar por dentro de tudo. Isso é ainda mais enfatizado quando duas pessoas de madeira se encontram. Então, é bem provável que elas tenham muitos interesses em comum, além da vida profissional e de seus vários interesses particulares. Esta combinação pode ser extenuante para as outras pessoas, mas o casal tem muito a crescer com ela. Ambos são pessoas basicamente seguras, que confiam no outro de forma implícita.

Eles são pacientes, confiáveis, tolerantes e estão sempre prontos para ajudar o parceiro a qualquer momento.

Claro que essa análise da compatibilidade entre as pessoas de elementos diferentes não proporciona um quadro completo. Você precisaria ter mais informações sobre cada elemento para ter uma visão mais abrangente. A astrologia chinesa é uma arte complexa, e o que fizemos aqui foi quase o mesmo que determinar a compatibilidade entre as pessoas, com base nos signos solares da astrologia ocidental.

Eu descobri, no entanto, que a relação entre os elementos é extremamente útil na prática. Ela pode ajudar você a decidir se deve ou não investir num determinado relacionamento, e a conhecer melhor seu parceiro, caso já tenha um.

Capítulo 5

Como Usar o Ba-Guá de Forma Mais Abrangente

No Capítulo 2, usamos o ba-guá para determinar as nove posições da casa. Isso é conhecido como as Aspirações do Ba-guá, o método mais usado em Hong Kong para fazer avaliações no feng shui.

Agora podemos usar o ba-guá de uma forma mais abrangente. Cada uma das nove partes que compõem o triângulo mágico também estão relacionadas com uma direção, com uma cor e com um trigrama específico do I Ching. O I Ching, também conhecido como *O Livro das Mutações*, é o livro mais antigo da China e exerceu grande influência sobre a maneira de pensar, a filosofia e a cultura do povo chinês, ao longo de milhares de anos. O maior objetivo do I Ching era ajudar as pessoas a entender os ritmos infinitos do universo e a entrar em sintonia com eles.

Os Oito Trigramas

O I Ching usa um sistema binário de oito trigramas (ver Figura 5A). Trata-se de diagramas ou figuras compostas de três

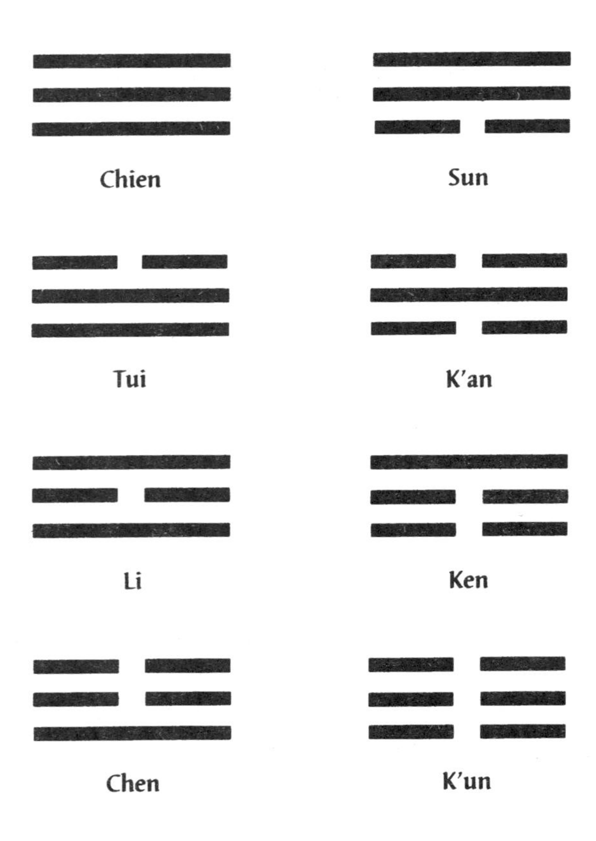

Figura 5A: Os Oito Trigramas

linhas inteiras ou partidas. Descreve-se a linha partida como yin, ou feminina, enquanto a linha inteira é considerada yang, ou masculina. Cada trigrama tem um significado e uma posição diferentes, dentro do ba-guá (Figura 5B).

Existem duas combinações diferentes de trigramas: a Seqüência do Céu Anterior e a Seqüência do Céu Posterior. A primeira delas foi criada por Fu Hsi (o primeiro imperador da China, que achou a tartaruga em cujo casco estava o desenho do quadrado mágico). Essa disposição dos trigramas retrata uma visão bastante idealista do universo. A Seqüência do Céu Posterior foi criada pelo duque de Wen, em 1143 a.C., aproximadamente. Essa combinação, mais prática, é a mais usada nos dias de hoje.

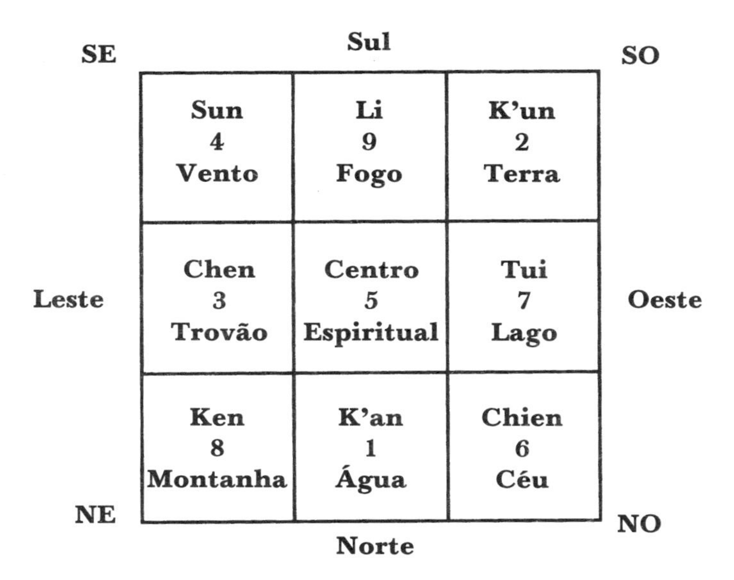

Figura 5B: O Ba-guá

No Quadrado Mágico, os trigramas são dispostos nas posições mostradas na Figura 5B. O ba-guá que costumamos sobrepor à planta da nossa casa, como foi demonstrado no Capítulo 2, não usa as direções da bússola. Se usarmos esse instrumento, podemos obter muito mais informações a respeito da nossa casa e de nós mesmos. E o mais importante: podemos usar essas informações para melhorar nossa vida amorosa.

Os chineses inventaram a bússola.[1] Esse povo considera o sul a direção mais favorável, o que não nos surpreende, pois os ventos frios e severos vêm do norte. Por isso, o sul é colocado no lado superior da bússola. Na Figura 5B, portanto, Li está no sul e K'an está no norte.

Você precisará de uma bússola para alinhar esse novo quadrado mágico com a planta da sua casa. O quadrado só será colocado na mesma posição em que estava no Capítulo 2 (Figura 2A), se a porta da frente da sua casa voltar-se para o norte. Isso porque alinhamos a porta da frente com a linha inferior do quadrado mágico, para criar o que é conhecido como as Aspirações do Ba-guá.

Chien

CHIEN — o Criativo

Direção: Noroeste
Símbolo: Céu
Palavras-chave: Força e Prosperidade
Elemento: Metal
Cor: Púrpura
Yin/Yang: Yang

Chien é composto de três linhas inteiras (yang). Está relacionado com o chefe da casa, geralmente o pai, e com os cômodos que ele costuma usar, como o escritório, o gabinete de trabalho ou o quarto principal. Também está relacionado com o Céu e as estrelas. É forte e está associado com a energia, a ambição e a resistência. Também relaciona-se com a originalidade, o poder, a frieza e a prosperidade.

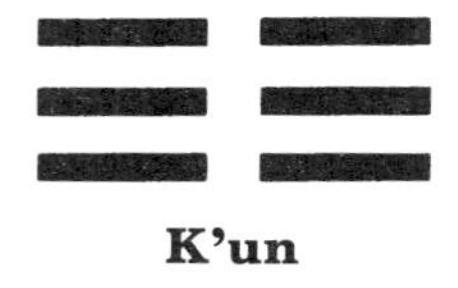

K'un

K'UN — o Receptivo

Direção:	Sudoeste
Símbolo:	a Terra
Palavras-chave:	Preparação e Obediência
Elemento:	Terra
Cor:	Preto
Yin/Yang:	Yin

K'un é formado de três linhas partidas (yin). Isso naturalmente o relaciona com qualidades maternais, e faz com que esse trigrama simbolize a mãe e os cômodos que ela costuma usar: a cozinha e a sala de costura. Esse trigrama também se refere à devoção, à receptividade, à obediência, à fidelidade e ao dom de proteger. Ele simboliza relacionamentos íntimos, particularmente entre marido e mulher.

Chen

CHEN — o Incitar

Direção: Leste
Símbolo: Trovão
Palavras-chave: Inícios e Progresso
Elemento: Madeira
Cor: Laranja
Yin/Yang: Yang

Chen é composto de duas linhas partidas (yin) sobre uma linha inteira (yang). Ele representa o filho mais velho. Por isso, o leste é um bom lugar para o dormitório desse filho. Esse trigrama está relacionado ao poder de tomar decisões, aos eventos inesperados, à impulsividade e à experimentação. Também é associado à velocidade e ao movimento.

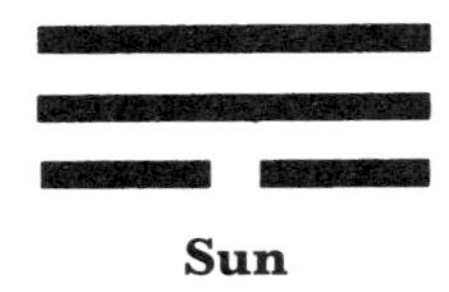

Sun

SUN — a Suavidade

Direção: Sudeste
Símbolo: Vento
Palavra-chave: Desenvolvimento
Elemento: Madeira
Cor: Branco
Yin/Yang: Yin

Sun é formado de duas linhas inteiras (yang) sobre uma linha partida (yin). Ele representa a filha mais velha. Conseqüentemente, o dormitório dessa filha deve ficar na parte sudeste da casa. Esse trigrama está relacionado com o intelecto desenvolvido e a força interior. Também está associado à flexibilidade e à capacidade de se adaptar a qualquer tipo de situação.

K'an

K'AN — o Abismal

Direção:	Norte
Símbolo:	Água
Palavra-chave:	Armadilha
Elemento:	Água
Cor:	Vermelha
Yin/Yang:	Yang

K'an é composto de uma linha inteira (yang) entre duas partidas (yin). Representa o filho do meio. Está relacionado com o trabalho árduo, o ímpeto e a ambição. No entanto, também costuma ser associado ao engano, a segredos e ao perigo. O norte é considerado uma direção negativa no feng shui tradicional, pois os ventos frios e os demônios imaginários vêm dessa direção.

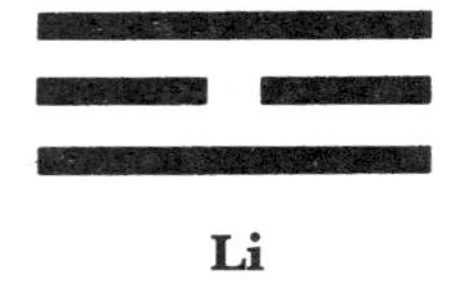

Li

LI — o Aderir

Direção: Sul
Símbolo: Fogo
Palavra-chave: Sucesso
Elemento: Fogo
Cor: Amarelo
Yin/Yang: Yin

Li é constituído de uma linha partida (yin) entre duas linhas inteiras. Ele representa a filha do meio. Está relacionado à beleza, à risada, à simpatia e ao sucesso. Obviamente, o sul é um bom lugar para o dormitório dessa filha. Esse trigrama também está relacionado com a comunicação, a iluminação e a clareza de idéias. Essa área é um bom lugar para a sala de estar, que pode ficar repleta de felicidade e boas risadas. No feng shui, o sul é considerado tradicionalmente uma direção favorável.

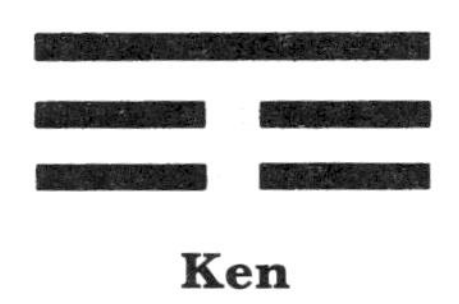

Ken

KEN — a Quietude

Direção: Nordeste
Símbolo: Montanha
Palavra-chave: Pausa
Elemento: Terra
Cor: Verde
Yin/Yang: Yang

Ken é formado de duas linhas partidas (yin) sob uma linha inteira (yang). Ele representa o filho mais jovem. Ken está relacionado com a solidez, a estabilidade e o sucesso nos estudos e no aprendizado. Também está associado à modéstia, à cautela e à paz e quietude.

Tui

TUI — a Alegria

Direção: Oeste
Símbolo: Lago
Palavra-chave: Alegria
Elemento: Lago
Cor: Azul
Yin/Yang: Yin

Tui é constituído de uma linha partida (yin) sobre duas inteiras (yang). Representa a filha mais jovem. Esse trigrama está relacionado com a felicidade, o prazer, a sensualidade, a alegria e o contentamento. Também está associado com o entretenimento e a recreação.

Cada área da casa desempenha um determinado papel na sua vida amorosa e, portanto, na sua felicidade.

SUN — Vento

Palavra-chave: Confiança

O símbolo do trigrama Sun é o Vento. Na verdade, muitas pessoas se referem aos oito trigramas por meio dos nomes simbólicos que eles têm, e não pelo nome tradicional chinês. Isso porque os nomes simbólicos evocam uma imagem mental que nos ajuda a entendê-los. "Feng shui" significa "vento e água". Precisamos de ambos para sobreviver. Sem ar não podemos respirar. O ar pode estar em movimento ou estagnado. Quando essa parte da nossa casa está estagnada, nosso relacionamento também fica tedioso e sem vida. Mas também não queremos que o nosso relacionamento seja semelhante a um vendaval. Embora isso possa ser excitante e estimulante por algum tempo, logo o relacionamento se esgotará, ficando desgastado.

Essa parte da casa está relacionada com a harmonia, a felicidade, a confiança e o progresso futuro. Você precisará ativá-la se quiser estimular essas qualidades no seu relacionamento.

Neste caso, os sinos tibetanos são uma solução lógica. Quando eles produzem música, você se dá conta de que o vento está fluindo livremente por essa parte da casa. No entanto, alguns praticantes do feng shui dizem que os sinos tibetanos nunca devem ser usados dentro de casa. Eu tenho usado esses objetos dentro da minha casa há muitos anos e os acho extremamente benéficos. Se você preferir não usá-los dessa forma, coloque-os do lado de fora, perto da área da casa que corresponde ao trigrama Sun.

Você também pode recorrer a outras soluções. Tente colocar nessa parte da casa algo que se relacione com o seu elemento pessoal ou com o elemento do seu parceiro. Se você ainda não tem um parceiro, opte por algo que esteja relacionado com o elemento que precede o seu no ciclo criativo dos elementos. Isso ajudará a atrair harmonia, contentamento – e, finalmente, amor – para o seu elemento pessoal.

Os moradores da sua casa provavelmente sofrerão de má sorte e de desapontamentos constantes, caso falte na casa a área do trigrama Sun.

LI — Fogo

Palavras-chave: Proximidade, clareza

O fogo proporciona aconchego, inspiração e entusiasmo. Naturalmente, fogo em excesso só provoca um rastro de destruição, e pouco fogo provoca o fim de muitos relacionamentos.

A ativação dessa parte da casa pode ajudar você e seu parceiro a reacender o ardor da paixão e a se amar novamente, abrindo novos caminhos de comunicação. Quando você encontra dois apaixonados que só existem um para o outro, você está diante de um casal que tem a quantidade certa de fogo em suas vidas.

Essa é a parte da casa que precisa ser ativada, caso todos os aspectos do relacionamento estejam indo bem, com exceção da vida sexual. Se esse aspecto da sua vida está monótono ou simplesmente não existe, coloque luzes vermelhas e ornamentos bonitos na parte da casa que corresponde ao trigrama Li. Mas não espere transformar sua vida sexual de uma hora para outra. A melhora será gradativa. Em geral, você começa a notar que consegue se comunicar melhor com o parceiro e de uma forma mais profunda. Esse é um bom começo, e logo você vai notar que a sua vida sexual começa a ficar cada vez melhor.

Objetos vermelhos são muito úteis nessa área, mesmo que você não tenha um parceiro. Eles estimularão você e o tornarão muito mais atraente aos olhos dos outros.

Luzes brancas, velas e cristais de quartzo transparentes poderão ajudá-lo a ficar mais sintonizado com as outras pessoas da sua vida. Eles também podem abrir as portas para a comunicação e para a auto-expressão.

Quando a área da casa correspondente ao trigrama Li está faltando, os moradores tendem a sentir falta de confiança e de auto-estima. A vida sexual deles fica insatisfatória e monótona. Eles também costumam ficar preocupados demais com que os outros podem pensar deles.

K'UN — Terra

Palavra-chave: Sentimentos

A terra faz com que nos sintamos seguros, a salvo e protegidos. Por isso, essa parte da casa está estreitamente relacionada com os sentimentos. Algumas pessoas são excessivamente emotivas, enquanto outras parecem frias e distantes, apartadas de seus sentimentos.

Naturalmente, queremos poder expressar nossos sentimentos de forma aberta e franca. Também queremos que nosso parceiro faça o mesmo. Se uma pessoa sempre demonstra raiva, ciúmes, possessividade, mau humor ou dificuldade para se comunicar, o relacionamento está fadado ao fracasso. A única saída nesse caso é essa pessoa aprender a se sintonizar melhor com suas próprias emoções.

A solução para todas as dificuldades emocionais é ativar a área K'un da casa. Qualquer coisa da terra será suficiente. Vasos de plantas, cerâmicas e cristais funcionarão muito bem nessa área.

Esse também é um bom lugar para dispor fotografias suas e do seu parceiro, em momentos de felicidade e muito amor.

Coloque objetos vermelhos nessa área, caso você ache difícil expressar seus sentimentos. (O fogo cria a terra, no Ciclo da Criação.)

Essa área também está relacionada à intuição. Portanto, depois de ativá-la, você provavelmente notará que suas faculdades psíquicas ficarão mais aguçadas.

Quando não existe uma área K'un na casa, os moradores demonstram pouco interesse em ter um jardim. Os homens sentirão dificuldade para relacionar-se com as mulheres e estas não apreciarão a vida doméstica.

CHEN — Trovão

Palavra-chave: Influências externas

O Trovão é um bom nome para essa parte da casa. As influências externas podem acabar com a monotonia da sua vida, algumas vezes com a força e brusquidão do estampido de um trovão. Os membros da nossa família às vezes podem ser as piores influências externas. Se já manteve um relacionamento que a sua família desaprovava, você conhece os efeitos sutis, poderosos e intromissores do trovão. Os colegas de trabalho e os amigos podem achar que estão fazendo a coisa certa ao tentar demovê-lo do que, para eles, é um relacionamento ruim, mas os resultados geralmente são confusão, desconfiança, tensão e preocupação.

O antídoto para isso é ativar a parte Chen da casa. Coloque nessa área qualquer coisa que você ache acolhedor, protetor e aconchegante. Objetos que estejam relacionados com seu elemento pessoal também ajudarão. Cores suaves e tranqüilas, como o azul e o verde, também podem causar bons efeitos. Uma água-marinha, por exemplo, pode ajudar a absorver as energias de desarmonia e de confusão, deixando você com sentimentos de paz e contentamento.

Seja gentil com as pessoas que estão querendo intrometer-se na sua vida amorosa. Elas estão fazendo isso porque se preocupam com você e com a sua felicidade. Nesse caso, elas não estão prestando nenhuma ajuda. Estão simplesmente deixando você mais tenso e irritado. Diga-lhes gentilmente que você sabe o que está fazendo e que, se quiser algum conselho, você pedirá.

Quando falta a área Chen na casa, os moradores se sentem apáticos e sem ânimo para nada.

CENTRO ESPIRITUAL

Palavra-chave: o Eu Interior

O centro do ba-guá não tem um trigrama. Essa parte da casa é conhecida como Centro Espiritual, o lugar perfeito para os membros da família desfrutarem a companhia uns dos outros. Trata-se também de um lugar excelente para ficar em sintonia consigo mesmo. Se você está em busca de um relacionamento, ou tem problemas com seu relacionamento atual, passe alguns momentos agradáveis nesse local, desfrutando a sua própria companhia. Esse é um bom lugar para meditar.

Se você não sabe meditar, relaxe simplesmente. Respire fundo algumas vezes, feche os olhos e procure descontrair conscientemente todas as partes do corpo. Quando estiver totalmente relaxado, concentre-se na sua respiração e deixe a mente vagar à vontade. Você pode se dar conta de que, de uma forma misteriosa, conseguiu encontrar respostas para várias questões. Talvez você depare com um lugar interior de cuja existência você nem sequer desconfiava. E, no final, você abrirá os olhos, sentindo-se revigorado, leve e pronto para continuar a viver.

Passar algum tempo sozinho no Centro Espiritual da sua casa pode lhe trazer muitos benefícios ao seu eu físico, mental e espiritual.

TUI — Lago

Palavras-chave: Sensualidade, sexualidade, excitação

Quando criança, passei muitas férias às margens de um belo lago. Eu o adorava em qualquer época. Quando estava calmo, sereno e azul ou quando suas águas se agitavam furiosas, formando ondas de um azul profundo, que golpeavam as margens. Tui é bem parecido com isso. Ele reflete todas as alegrias e delícias da paixão física. No entanto, ele também reflete relacionamentos desinteressantes e desgastados, em que a paixão já acabou.

Se você vive atraindo a pessoa errada, essa área da sua casa precisa ser melhorada. Passe algum tempo no centro espiritual da sua casa e pergunte a si mesmo quais são as qualidades que para você constituiriam o parceiro perfeito. Pode ser uma boa idéia anotar as respostas durante alguns dias.

Uma amiga minha sempre acabava se relacionando com homens que só a usavam, freqüentemente abusavam dela, e então a deixavam. Ela afirmava que achava esses homens excitantes porque eram "diferentes" e não se deixavam cercear pelas regras do mundo em que ela crescera. No entanto, quando ela parou para refletir sobre o tipo de homem que realmente queria, a descrição que fez foi totalmente diferente. Minha amiga levou algum tempo para aceitar isso, mas depois que passou a irradiar as energias certas, o homem certo apareceu.

Se esse é o seu problema, coloque vasos de plantas ou flores nessa parte da casa. Pendure cristais ou sinos tibetanos que reflitam a cor do elemento que precede o seu, no Ciclo Criativo dos Elementos. Sente-se nessa área todos os dias e leia a descrição que fez do seu parceiro ideal. Tenha pensamento positivo e você acabará atraindo a pessoa certa para você.

Se o seu relacionamento era ardente no passado, mas agora parece que toda atração física acabou, procure melhorar essa área da casa, pois ela está relacionada com problemas e dificuldades de cunho sexual. Velas e cristais vermelhos nessa área podem fazer maravilhas por você, aumentando sua libido e reacendendo a chama da paixão entre vocês. Cortinas e estofados vermelhos também ajudam, mas tome cuidado para não exagerar. Excesso de vermelho pode gerar sentimentos agressivos em vez de paixão, além de estimular os parceiros a buscar satisfação sexual fora de casa.

Se falta na casa a área Tui, os moradores acharão difícil guardar dinheiro. Eles tenderão a gastá-lo assim que o receberem, não deixando nada para o futuro.

KEN — Montanha

Palavra-chave: Comunicação

As montanhas são fronteiras naturais. Para transpor uma montanha é preciso escalá-la ou contorná-la. A comunicação é uma parte essencial do relacionamento. É difícil imaginar uma relação em que não haja ao menos uma pequena dose de comunicação entre as partes. Sem comunicação, é como se o casal estivesse nos lados opostos de uma montanha. Algumas vezes tem-se de escalar a montanha para chegar até a pessoa que está do outro lado e poder se comunicar com ela.

A comunicação certamente nunca é uma coisa fácil. Você fala, fala, fala, mas se o seu parceiro não estiver prestando atenção, é pura perda de tempo. A comunicação é uma via de mão dupla.

A honestidade é essencial. Afinal de contas, não vale a pena nos comunicarmos se ninguém estiver dizendo a verdade.

A comunicação verdadeira aproxima as pessoas e a falta dela faz com que nos afastemos uns dos outros. Se você tem problemas de comunicação no seu relacionamento (e eles podem ser de natureza física, verbal ou psicológica), você precisa melhorar de algum modo a parte Ken da sua casa.

Qualquer coisa de cor rosa ou amarela pode ser uma ótima solução. Se um dos parceiros está com problemas para se comunicar, coloque nessa área da casa algo que tenha a cor do elemento que precede o dele ou dela, no Ciclo Criativo dos Elementos.

Caso não tenha um parceiro, você pode até pensar que essa área não constitui um problema. Mas, na verdade, ela pode muito bem ser a razão por que você ainda está sozinho. Se você acha que expressar seus sentimentos mais profundos já foi um problema no passado ou poderá ser no futuro, pendure um sino tibetano de cor amarela nessa parte da casa ou coloque ali algumas flores amarelas.

Quando a casa não tem a área Ken, existe a possibilidade de as mulheres da casa apresentarem problemas ginecológicos que as impeçam de conceber.

K'AN — Água

Palavras-chave: Amor, romance

Ninguém pode viver sem água. Algumas pessoas afirmam que também não podemos viver sem amor. A água tanto pode ser calma e serena quanto pode ser uma torrente violenta. A água é fluida; está sempre em movimento, buscando novos caminhos. K'an também está relacionado com o movimento. Seu objetivo é fazer com que os relacionamentos evoluam, revigorar relacionamentos bloqueados e ajudar a criar novos relacionamentos.

Se você está se relacionando com alguém há algum tempo, mas seu parceiro tem medo de assumir um compromisso, ative essa parte da casa e veja as coisas deslancharem. Se você vive sozinho há bastante tempo, ative essa área e prepare-se para um novo relacionamento. Se o seu relacionamento está monótono e entediante, ative essa área e veja o amor renascer.

Tanto o trigrama K'an quanto o Tui estão relacionados com a água. Tui está ligado principalmente à paixão física. K'an está interessado no amor em todas as suas formas. Isso inclui sexo, é claro, embora também englobe aspectos mais espirituais do amor.

Qualquer coisa cor-de-rosa, rosa-choque ou vermelha pode ser usada para ativar essa parte da casa. Uma conhecida minha ganhou um grande cristal de quartzo rosa. Eu sugeri que ela o colocasse na área K'an da casa. Em menos de um mês havia dois homens cortejando-a.

Outra solução é colocar plantas nesse local. É preferível usar plantas naturais, mas tem-se o mesmo efeito com plantas artificiais, caso você cuide bem delas, tirando a poeira regularmente. Plantas empoeiradas nessa parte da casa estão relacionadas a parceiros apáticos e chatos. As flores desidratadas não têm mais um pingo de água e portanto, do ponto de vista do feng shui, não devem ser usadas. Como você sabe, "feng shui" significa "vento e água".

Sinos tibetanos e móbiles, de preferência pintados de verde, rosa-choque ou vermelho, funcionam muito bem nessa parte da casa. Todos os cristais são benéficos. Estimule o fluxo de ch'i no local com muita luz e ar fresco.

Quando a casa não tem uma área K'an, os moradores passam por períodos de doença.

CHIEN — Céu

Palavra-chave: Amizade

Essa é uma das partes mais importantes da casa, pois são mais felizes as pessoas cujos parceiros são não só amantes, mas amigos. A maioria das pessoas precisa de ajuda nessa área, e ativar essa parte da casa fará com que quase todos os relacionamentos melhorem. Naturalmente, essa área não se restringe à amizade que você pode fazer com o seu parceiro. Ela também pode ser ativada para estimular a amizade com outras pessoas, de ambos os sexos, e melhorar o relacionamento com os amigos que você já tem.

Procure dar especial atenção a essa parte da casa, caso você seja uma pessoa muito ocupada, que nunca tem tempo para visitar os amigos. Aja da mesma forma se você acha difícil fazer novas amizades. Talvez você tenha muitos conhecidos, mas nenhum que possa de fato chamar de amigo.

Pode ser que, devido a experiências do passado, você tenha dificuldade para confiar nos outros. Isso é comum, principalmente se você sofreu alguma decepção. Se ativar a área Chien da casa, você não terá tanta dificuldade para se aproximar dos outros no futuro.

Talvez você esteja envolvido num relacionamento em que dá tudo de si e recebe muito pouco em troca. Não tem nenhuma graça ser capacho dos outros, embora muitas pessoas passem a vida inteira servindo como empregadas do parceiro. Se você está dando apoio emocional a alguém sem receber nada em troca, ative essa área da casa para que o relacionamento fique mais equilibrado.

Pode ser que o seu relacionamento se baseie somente na satisfação física. Não há nada de errado em ter um relacionamento desse tipo, no entanto, saiba que ele quase nunca é duradouro. Você pode ativar essa área para que você e o seu parceiro tornem-se amigos, além de amantes.

Qualquer coisa de cor verde é apropriada para se colocar nessa parte da casa. Velas, cristais ou enfeites na cor verde, vasos de plantas, tudo isso ajuda a atrair harmonia e amizade para dentro de casa. Certifique-se de que essa área está bem iluminada, para que o ch'i flua livremente por ali.

Quando está faltando a área Chien na casa, os moradores do sexo masculino têm problemas para se relacionar com os colegas de trabalho. Eles também não sentem motivação nem ânimo no ambiente profissional.

As Direções do Amor

As oito direções indicadas no ba-guá representam aspectos diferentes da vida. Neste livro, só trataremos da direção relacionada com o amor. As outras sete direções já foram abordadas em *Feng Shui for Beginners*[2] e em meus outros livros sobre o assunto.

O trigrama que está relacionado com o ano de nascimento também mostra a direção do amor de cada pessoa. As direções diferem de acordo com o sexo do consulente.

As Direções do Amor Para os Homens

Sul: se você nasceu em 1918, 1927, 1936, 1945, 1954, 1963, 1972, 1980, 1989 ou 1998.

Nordeste: se você nasceu em 1914, 1917, 1923, 1926, 1932, 1935, 1941, 1944, 1950, 1953, 1959, 1962, 1968, 1971, 1977, 1980, 1986, 1989 ou 1995.

Sudeste: se você nasceu em 1916, 1925, 1934, 1943, 1952, 1961, 1970, 1979, 1988 ou 1997.

Leste: se você nasceu em 1915, 1924, 1933, 1942, 1951, 1960, 1969, 1978, 1987 ou 1996.

Sudoeste: se você nasceu em 1913, 1922, 1931, 1940, 1949, 1958, 1967, 1976, 1985 ou 1994.

Nordeste: se você nasceu em 1912, 1921, 1930, 1939, 1948, 1957, 1966, 1975, 1984 ou 1993.

Oeste: se você nasceu em 1911, 1920, 1929, 1938, 1947, 1956, 1965, 1974, 1983 ou 1992.

Norte: se você nasceu em 1910, 1919, 1928, 1937, 1946, 1955, 1964, 1973, 1982 ou 1991.

As Direções do Amor Para as Mulheres

Sul: se você nasceu em 1914, 1923, 1932, 1941, 1950, 1959, 1968, 1977, 1986 ou 1995.

Noroeste: se você nasceu em 1915, 1924, 1933, 1942, 1951, 1960, 1969, 1978, 1987 ou 1996.

Sudeste: se você nasceu em 1916, 1925, 1934, 1943, 1952, 1961, 1970, 1979, 1988 ou 1997.

Leste: se você nasceu em 1917, 1926, 1935, 1944, 1953, 1962, 1971, 1980, 1989 ou 1998.

Sudoeste: se você nasceu em 1918, 1921, 1927, 1930, 1936, 1939, 1945, 1948, 1954, 1957, 1963, 1966, 1972, 1975, 1981, 1984, 1990 ou 1999.

Nordeste: se você nasceu em 1919, 1928, 1937, 1946, 1955, 1964, 1973, 1982, 1991.

Oeste: se você nasceu em 1911, 1920, 1929, 1938, 1947, 1956, 1965, 1974, 1983 ou 1992.

Leste: se você nasceu em 1913, 1922, 1931, 1940, 1949, 1958, 1967, 1976, 1985 ou 1994.

Existe uma exceção muito importante com relação a essas datas. Se você nasceu em janeiro ou na primeira semana de fevereiro, não importa de que ano, você deve se basear no ano que vem antes do seu, para saber qual é a sua direção do amor. Isso porque o calendário chinês não começa em 1º de janeiro.

Você pode usar a sua direção do amor de várias formas. Se for possível, coloque a cama numa posição em que você possa dormir voltado para a direção do amor. Coloque sua poltrona favorita de forma que você possa se sentar e relaxar voltado para essa direção.

Seria lamentável se, na sua casa, o banheiro estivesse localizado justamente nessa área, pois isso significaria que todas as perspectivas de relacionamento seriam levadas pela água que entra pelo cano. O remédio para isso é deixar a porta desse cômodo sempre fechada e colocar um espelho do lado de fora da porta, para fazer com que esse cômodo desapareça simbolicamente. Se for possível, não use esse banheiro.

Todos esses fatores precisam ser considerados quando você avalia uma casa, do ponto de vista do feng shui. Lembre-se de que nenhuma casa é perfeita. Eu já estive em casas que são "quase" perfeitas, e outras que são um verdadeiro pesadelo, da perspectiva do feng shui.

Reserve algum tempo para analisar a sua casa. Reflita cuidadosamente sobre o que você quer que a sua casa proporcione a você. Só então comece a fazer mudanças.

No próximo capítulo nós veremos como duas pessoas tornaram sua vida amorosa muito melhor, fazendo algumas mudanças na casa.

Capítulo 6

Como Usar Tudo o Que Você Aprendeu

Agora você já tem todas as informações para avaliar a sua casa e fazer ali as mudanças necessárias para melhorar sua vida amorosa e ser feliz.

Ao longo dos anos, eu tenho feito inúmeras visitas a casas, apartamentos, escritórios, armazéns e fábricas, para avaliá-los do ponto de vista do feng shui. Em geral, meus clientes têm consciência de que alguma coisa está errada, e então me chamam para ver se o feng shui pode resolver o problema. Ainda não consegui encontrar uma casa perfeita. Na verdade, seria impossível encontrar uma casa que fosse perfeita para todas as pessoas. Uma casa perfeita para uma pessoa pode ser totalmente imprópria para outra. Como a casa perfeita ainda é um sonho, sempre dou várias sugestões para melhorar a casa do ponto de vista do feng shui, e ajudar seus moradores. A maioria das pessoas busca sugestões de ordem geral. Porém, um número cada vez maior de clientes procura-me com a intenção de melhorar a vida amorosa.

A seguir, apresento dois exemplos que mostram como o feng shui pode ser fundamental para melhorar esse aspecto tão importante da nossa vida.

O Solteirão Inveterado

John mora sozinho numa casa de três dormitórios, nos arredores de uma grande cidade. Ele nasceu em 1954 e já tinha perdido a esperança de encontrar a pessoa certa para ele. Seu elemento é a madeira.

– O último relacionamento sério que eu tive chegou ao fim 15 anos atrás – ele me disse. – Durou três anos. Desde então tive outros que duraram uma ou duas semanas, mas nada sério. Eu me esforcei, mas, por alguma razão, parece que tenho o dom de repelir todas as mulheres que encontro!

John morava na mesma casa há exatamente 15 anos. Ele a comprara logo depois que seu ultimo relacionamento sério acabou. Quando sugeri que a casa dele poderia estar afetando seus relacionamentos, ele achou graça.

– Poucas vezes eu trouxe uma mulher para dentro desta casa desde que a comprei – ele retrucou.

Em todo caso, ele me convidou, com o ceticismo estampado no rosto, para dar uma olhada na casa.

Tratava-se um pequeno bangalô de ar modesto, que ficava numa rua em que a maioria das casas era muito maior do que a dele. O jardim da frente era espetacular. A grama parecia um tapete e o caminho que levava até a porta era margeado por canteiros de flores multicoloridas. Uma grande cerejeira que ficava no meio do jardim acrescentava colorido à paisagem, além de proporcionar uma generosa sombra. Às vezes, uma árvore solitária pode criar um shar, mas essa árvore magnífica não enviava nenhum shar para a casa.

Eu pude identificar o primeiro problema antes mesmo de sair do carro. O caminho que levava à porta da frente era uma linha reta que começava na calçada. Tive outra surpresa quando cheguei à porta da frente. Ela abria diretamente para um longo corredor que dava continuidade ao shar. John levou-me para conhecer as dependências da casa. Fiquei encantado com a limpeza e arrumação que encontrei ali. John obviamente sabia cuidar muito bem do seu lar.

A sala era extremamente ampla, tomando quase a metade da casa. Ele a tinha mobiliado com muito bom gosto. Um canto do cômodo era usado como sala de jantar. A cozinha e o banheiro eram ambos pequenos, mas muito bem projetados e imaculadamente limpos. Os três dormitórios eram todos do lado esquerdo da casa. O do meio era usado como quarto de hóspedes, embora John tenha me contado, com certa tristeza, que bem poucas pessoas tinham dormido ali. John usava como escritório o dormitório que ficava mais perto da porta da frente.

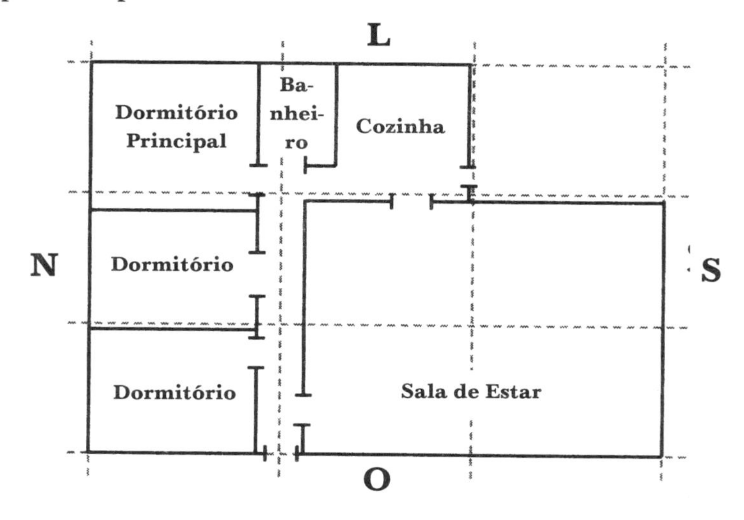

Figura 6A: Planta baixa da casa de John

Desenhei a planta da casa (Figura 6A) e comecei a lhe falar sobre os shars. Sugeri que ele reformasse o caminho que levava até a porta ou colocasse um espelho ba-guá acima dela.

O shar interno, criado pelo corredor, era mais grave, pois levava diretamente ao banheiro. Esse é o único cômodo que não deve ficar visível da porta da frente. Aliás, o ch'i benéfico entrava pela porta da frente e passava direto pelo corredor, indo para dentro do banheiro! Não é de espantar que John tivesse problemas desde que se mudara para essa casa.

Felizmente, devido à posição em que o cômodo ficava, John mantinha a porta do banheiro sempre fechada. Eu sugeri que ele colocasse um espelho do lado de fora da porta desse cômodo, para que ele refletisse o shar de volta. Também sugeri que colocasse um espelho em cada parede do banheiro, para fazer com que ele desaparecesse simbolicamente.

Depois disso, passei a outras partes da casa, para avaliálas segundo as Aspirações do Ba-guá. Quando coloquei o quadrado mágico sobre a planta, vi que faltava justamente a área do Casamento.

– Eu não estou preocupado com casamento – John me disse. – Mas tenho vivido como um monge desde que passei a morar aqui. Quero simplesmente uma namorada. Depois que me mudei para cá, não tive nada que sequer se parecesse com um relacionamento.

Sugeri que ele completasse a casa do ponto de vista simbólico. Existiam muitas coisas que ele poderia fazer ali. Poderia colocar uma luminária no jardim para que a casa passasse a ter um formato aparentemente quadrado. Poderia construir uma varanda ou um deque. Poderia plantar canteiros de flores ou construir um muro.

Então eu andei pela casa, visitando todos os cômodos.

O dormitório principal estava na área da Abundância. A cama estava no canto diagonalmente oposto à porta de entrada; por isso John podia ver qualquer pessoa que entrasse no quarto, sem precisar virar a cabeça. Uma grande janela na parede que dava para o leste fazia com que a luz do sol batesse em cima da cama todas as manhãs. Isso poderia estar contribuindo para a insônia que John vinha sofrendo. Sugeri que ele mantivesse as cortinas fechadas até que o sol não batesse mais diretamente sobre a cama.

A área da Abundância ficava quase inteiramente no dormitório, por isso propus que ele colocasse ali algo relacionado com o seu elemento pessoal (madeira), para assim melhorar sua situação financeira. Também seria uma boa idéia ter um aquário no quarto (a água cria a madeira, no ciclo criativo dos elementos), mas John me disse que detestava peixes, e não estava preparado para ter alguns no quarto, mesmo que isso fizesse dele um homem milionário.

Também sugeri que ele ativasse a área do Casamento do dormitório, pendurando um cristal no canto nordeste, bem em cima do criado-mudo. Também propus que ele tirasse do criado-mudo todos os objetos supérfluos que havia esquecido ali, pois simbolicamente eles representavam bagunça.

— Coloque-os de volta no lugar de onde você os tirou e só deixe sobre o criado aquilo que o faz se lembrar de amor e romance. Uma foto, por exemplo.

— Ou um pequeno enfeite que ganhei de uma namorada na infância — John sugeriu. Ele abriu o guarda-roupa e apareceu com uma estatueta de porcelana representando um menino e uma menina sentados sobre uma cerca de fazenda.

— Perfeito! — exclamei. — Você precisa deixar coisas como essa à mostra, em vez de escondê-las no armário.

Observei enquanto John retirava do criado os objetos supérfluos e colocava cuidadosamente a estatueta ali.

— Comecei a pôr o feng shui em prática na minha casa! — ele disse.

A área do Sucesso era composta do banheiro, em sua maior parte, e da cozinha. A água escoava pelo cano nesses dois cômodos. Isso significa que, simbolicamente, a reputação de John estava indo por água abaixo. Sugeri que ele pendurasse um sino tibetano de cor verde perto da porta dos fundos, para melhorar sua reputação na comunidade.

A área da Família era composta, em sua maior parte, do dormitório secundário.

— Isso é bom! — John comentou. — As únicas pessoas que dormiram ali foram parentes e um velho amigo de escola.

Esse quarto era escuro e sombrio. Sugeri que ele deixasse o quarto mais iluminado para incentivar novas amizades. Também recomendei que ele usasse esse cômodo uma vez ou outra. Não importa o que ele fizesse ali, contanto que o usasse. Isso funcionaria como um estímulo para a visita de amigos.

A área da Sorte tomava parte do corredor e quase um quarto da sala de estar. Esse era um local excelente para entretenimento, embora a única mobília que havia ali fosse o televisor. Nenhuma poltrona ou sofá estava voltado para a direção certa, de forma que se pudesse sentar confortavelmente para assistir TV.

— Como você vê televisão? — perguntei.

— Deitado no chão — John explicou.

— Mas por que você não colocou nenhum móvel nessa parte da sala?

— Porque atravancaria a passagem para a cozinha — ele esclareceu.

— A sala é tão ampla! — protestei. — Tente colocar duas poltronas nesta parte da sala e veja o que acontece.

A área dos Filhos tomava exatamente um quarto da sala de estar. Havia ali uma mesa de jantar e quatro cadeiras. Ele sorriu para mim.

— Não tenho filhos.

— O que os filhos costumam fazer? — perguntei enfaticamente. — Eles adoram brincar e se divertir. Você precisa ativar essa área para que a sua casa fique mais alegre e se encha de risadas.

Essa área era bem-iluminada, pois tinha ali uma bela janela panorâmica. Eu sugeri que ele pendurasse um cristal nesse local para atrair um pouco de ch'i.

— Isso não vai fazer com que meus hóspedes brinquem com a comida? — disse ele em tom de brincadeira.

— Talvez, mas vale a pena. Tente e veja o que acontece.

A área do Conhecimento compunha-se do terceiro dormitório. Era interessante que John o usasse como escritório. A mobília consistia numa escrivaninha e duas grandes estantes de livros. Esse quarto era mais claro que o outro, pois à tarde era banhado pela luz do sol. Quando John sentava-se à escrivaninha, no entanto, ficava de costas para a porta.

— Você já ouviu falar de pessoas que são apunhaladas pelas costas? — indaguei.

— Você se refere a políticos? Mas eu fico aqui sozinho!

— Tudo bem, mas, de qualquer maneira, você se sentiria melhor se colocasse a escrivaninha num lugar em que pudesse ver quem entra no escritório. Mesmo que você saiba que ninguém entrará por ali.

John me fitou com um olhar de dúvida.

— Está bem. Vou fazer o que disse.

Eu sugeri que ele pendurasse um cristal nesse cômodo para estimular o fluxo do ch'i.

— Você vai perceber que dessa forma passará a estudar melhor aqui.

A área da Carreira incluía parte da porta da frente e o corredor, assim como quase um quarto da sala de estar. De modo instintivo, John pusera o telefone e o fax nesse local. Sugeri que ele também colocasse ali um vaso de planta, pois isso estaria relacionado ao elemento pessoal dele.

Finalmente, a área dos Mentores tomava outra parte da sala de estar. Havia grandes janelas em ambas as paredes externas, o que fazia com que a luz do sol banhasse a sala durante a maior parte do dia. John pusera um sofá encostado à parede leste e uma poltrona na parede sul.

— Isso atrai os mentores — eu disse a ele. — Pessoas que podem ajudar você.

— Então é por isso que todas as minhas visitas têm tanta idade!

— Não necessariamente. Essa área também está relacionada a viagens. Se você quer viajar, deve colocar nesse local algo que reflita a luz. Um cristal, um enfeite de vidro ou um espelho, talvez. Alguma coisa que você ache bonito.

— Isso não vai atrair ainda mais gente velha?

— Sim e não. Talvez seja melhor dispor os móveis de forma que alguns deles fiquem na área da Sorte.

John concordou, com um ar de dúvida.

– É preciso fazer tanta coisa...

Geralmente eu sugiro que as pessoas façam uma coisa por vez e, então, vejam o que acontece. No caso de John, sugeri que fizesse duas mudanças imediatamente. É claro que, do ponto de vista amoroso, a falta da área do Casamento deveria ser solucionada primeiro. Eu também recomendei que ele ativasse o setor do Casamento pertencente ao quarto. Ele já tinha começado a fazer isso colocando a estatueta sobre o criado-mudo; mas, como era importante atrair a maior quantidade possível de ch'i para o quarto, sugeri que ele pendurasse ali um cristal o quanto antes.

Eu senti que já tinha feito o suficiente por John naquele dia. Assegurei que eu voltaria em um mês para concluir a avaliação, usando o quadrado mágico e as direções da bússola.

Depois de apenas duas semanas, John me ligou para dizer que encontrara uma mulher muito atraente, e que, pelo visto, o feng shui estava fazendo efeito. Mas ele estava em dúvida se devia convidá-la para jantar ou se era melhor esperar até terminar a avaliação da casa. Aconselhei-o a jantar com ela.

John parecia outro homem quando voltei a vê-lo. Muito mais animado, ele vivia com um sorriso no rosto que o deixava dez anos mais jovem.

– Está funcionando! Está funcionando! – exclamou, assim que eu abri a porta.

Eu já tinha feito a avaliação de acordo com as direções da bússola, por isso essa visita era só uma questão de andar pela casa, reavaliando cada cômodo.

Como antes, comecei pelo dormitório principal. Esse cômodo estava ao nordeste, relacionado com o Ken. Ken governa a comunicação, ingrediente essencial em qualquer relacionamento. John admitiu que a falta de comunicação já fora seu maior problema no passado.

— Eu simplesmente não consigo ficar de papo furado — ele contou. — Posso falar sobre o meu trabalho e sobre esportes, mas fico mudo quando se trata de um simples bate-papo.

O remédio para isso era colocar algo rosa-choque ou amarelo nessa parte da casa. John torceu o nariz quando eu sugeri que ele pendurasse um sino tibetano amarelo no quarto, mas concordou em comprar algo amarelo para colocar sobre o guarda-roupa.

— Lembre-se de que a comunicação pode tomar várias formas — eu disse a ele. — Você vai ver, um objeto amarelo no quarto vai melhorar todos os tipos de comunicação.

Passamos então para a cozinha.

— Essa área e o banheiro estão relacionados com o trigrama Chen — expliquei a ele. — Ele representa as influências externas. Infelizmente essas influências costumam ser, em grande parte, negativas.

— Um colega de escritório estava me dizendo que era melhor eu não me envolver tão rápido — John revelou. — É desse tipo de comentário que você está falando?

— Exatamente. Essa pessoa provavelmente só quis fazer o melhor, e está muito bem-intencionada, mas não está ajudando em nada. Todos nós somos influenciados pelos outros até certo ponto. Só Deus sabe quantos relacionamentos que poderiam dar certo chegaram ao fim devido a interferência de alguém.

Propus que John colocasse na cozinha alguns objetos que lhe trouxessem bem-estar. Ele já tinha o desenho de um coração preso com um ímã à porta da geladeira.

— Minha sobrinha desenhou para mim — contou. — Cada vez que o vejo tenho vontade de sorrir.

— Do ponto de vista do feng shui, é perfeito! Esse desenho está gerando bom ch'i para você.

Cores suaves, tranqüilizadoras, também são uma boa solução nesse caso. A decoração do banheiro de John era toda num tom pálido de azul, o que era muito bom.

Saímos então pela porta dos fundos e olhamos para a porção do terreno onde deveria estar a área do Casamento.

— Essa área é conhecida como Sun — esclareci. — Ela está relacionada com o amor, a harmonia e a felicidade. Infelizmente, essa área está faltando na sua casa.

— Vou dar um jeito nisso colocando uma luminária no jardim — John afirmou. — Você me deu essa solução no mês passado e eu pensei muito sobre ela.

— Que bom! Você também pode pendurar aqui um sino tibetano para ajudar a ativar o amor e a felicidade. Você precisa dar um jeito nesse canto de alguma forma, pois, quando a casa não tem a área Sun, os moradores da casa costumam ter azar e muitas decepções.

John fez uma careta.

— Chega de azar e decepções. Já tive o suficiente. Eu já devia ter feito alguma coisa para resolver isso.

Fizemos o percurso de volta até a cozinha e nos dirigimos para o segundo quarto. Esse cômodo estava relacionado com o trigrama K'an, que ajuda os relacionamentos a progredir e se aprofundar.

— É disso que eu preciso — John comentou. — O que eu posso fazer aqui para ajudar?

— Você precisa de alguma coisa vermelha ou rosa-choque. Plantas seriam uma boa saída, mas este é o quarto mais frio e escuro da casa. Talvez fosse melhor optar por plantas artificiais. Mas você vai ter de cuidar bem delas, sejam artificiais ou não. Um móbile vermelho ou verde também seria uma boa idéia. Um pedaço de quartzo rosa ajudaria. Procure também deixar este quarto sempre iluminado para estimular o fluxo do ch'i. Não se esqueça de usar o quarto, também. Todas essas coisas ajudarão a fazer com que o relacionamento progrida, além de aumentar a paixão física.

John sorriu enquanto anotava minhas recomendações.

Fomos para o terceiro quarto, deixando a sala de estar por último.

– Este cômodo está relacionado com Chien – esclareci. – Do seu ponto de vista, é um dos lugares mais importantes da casa. Se você quiser arranjar uma parceira que seja amiga, além de amante, você precisa ativar esta área. Assim você também atrairá amigos de ambos os sexos.

John assentiu com a cabeça.

– Gostei da idéia. O que eu tenho de fazer?

– Precisa de algo verde aqui. Talvez um vaso de planta, uma vela ou um enfeite.

– E se eu pintasse a porta do armário de verde?

– Seria uma boa idéia – concordei. – Você teria todo verde de que precisa. Uma outra alternativa seria ter alguns objetos verdes neste cômodo. Você poderia comprar algumas canetas verdes, por exemplo, e deixá-las sobre a escrivaninha. Qualquer coisa verde, qualquer coisa mesmo; basta que você ache bonito.

Eu havia deixado a sala de estar por último por ser um cômodo amplo que abarcava quatro áreas diferentes. Não é bom ter um cômodo tão grande com relação ao resto da casa, pois ele tende a dominar o ambiente. Paramos na área da Sorte e olhamos em volta.

– Este cômodo me parece bom – comentei.

John concordou.

– Coloquei mais duas lâmpadas. Também deixo entrar mais ar fresco quando estou em casa. Também notei uma diferença aqui: a sala parece muito mais confortável. Parece um lar, de fato. É engraçado quando penso nisso, mas eu nunca havia considerado esta casa como um lar. Eu era um pouco cético, confesso, mas o ch'i certamente me ajudou.

Além do Centro da Sorte, a sala de estar também continha Li, ao sul, Tui, a oeste, e K'un, ao sudoeste. O sol entrava pela janela da parede sul, iluminando a área Li.

– É muito bom que essa parte da casa receba toda essa luz – comentei. – Além de ativar o ch'i, também ajuda a impulsionar a vida sexual. Na verdade, você não precisa fazer nada nesta parte da sala. No entanto, se for preciso, coloque algo vermelho na parte Li da sala. Falando nisso, esta direção – sul – é conhecida como a direção do amor e por isso é bom ativá-la de qualquer maneira.

– Humm – John murmurou, assentindo com a cabeça. – Tem certeza de que um pouco mais de vermelho fará com que a minha vida amorosa volte a ficar excitante? Então, tudo bem! Esta parte da sala será ativada!

– Ali, naquele canto, é a área K'un – continuei. - Ela está relacionada principalmente com os nossos sentimentos. Convém ativar essa área quando você sentir dificuldade para expressar seus sentimentos mais profundos.

John assentiu novamente.

– Preciso de bastante ajuda nessa área.

– Tudo bem. Tente colocar ali um objeto de cerâmica ou argila. Cristais também seriam uma boa idéia. Depois que você tiver um relacionamento estável, esse seria o lugar perfeito para colocar fotos de vocês dois juntos.

John voltou-se para a área Tui da sala.

– E aqui? O que eu devo fazer?

– Esta área está relacionada com a paixão. Se falta paixão na sua vida, e, pelo que você me disse, acho que falta mesmo, você precisa ativar esta parte da sala. Basta colocar aí algumas flores ou plantas. Também seria bom colocar algo que inclua água, pois a água vem imediatamente antes da madeira, no ciclo criativo dos elementos.

– Algo como um pequeno chafariz?

– Isso mesmo. E embora eu saiba que você não gosta de aquários, este seria um bom lugar para algo do tipo.

– Eu quero paixão, não peixes!

– Você pode aumentar a paixão colocando alguns objetos vermelhos nesta área. Uma vela vermelha seria o ideal, pois ela simboliza a chama da paixão queimando vivamente. Se você receber alguém nesta parte da sala, também conseguirá um clima muito romântico.

John olhou em volta, com um ligeiro sorriso nos lábios.

– Acho que eu tenho uma vela vermelha – falou com um jeito pensativo.

Aos poucos, John foi executando uma série de pequenos ajustes em sua casa. Depois que começou a ver os resultados, ele quis acelerar o processo e fazer tudo de uma vez. No entanto, eu insisti para que ele fizesse as mudanças gradativamente.

John não se casou ainda, mas seu último relacionamento já tem mais de um ano. Jacqui mora com ele há nove meses, e eles parecem extremamente felizes.

A Viúva Infeliz

Conheci Maureen numa palestra sobre feng shui que dei para pessoas solteiras. Ela era uma atraente mulher de negócios que carregava em volta dela, como uma aura, uma nuvem de tristeza. Como era amiga da organizadora do evento, ela foi tomar um café conosco no final da noite.

Maureen nascera em 22 de novembro de 1966, o que significava que ela era do elemento fogo. Seu marido tinha morrido num acidente de carro três anos antes, apenas um dia depois do quinto aniversário de casamento. Eles haviam se conhecido quando Maureen tinha 16 anos, e ela ainda achava difícil enfrentar a vida sem ele.

— Claro que eu quero me casar novamente — ela me disse. — Sei que ninguém poderá substituir Kevin, mas eu acho que já estou pronta para encontrar outra pessoa.

Maureen tivera vários pretendentes em seus três anos de viuvez, mas como ainda lamentava muito a morte do marido, tinha descartado a todos. A moça queria saber o que poderia fazer no apartamento onde morava, para estimular o amor em sua vida novamente.

Maureen tinha um pequeno apartamento no andar térreo de um bonito condomínio com vista para um pequeno lago. Tinha uma vista privilegiada, pois ela podia se sentar na sala e apreciar o parque e a água ali em frente (Figura 6B).

Um caminho sinuoso levava até a porta da frente do apartamento. Havia um jardim de flores de cada lado do caminho, o que gerava ch'i em abundância. Infelizmente, no entanto, a porta dos fundos ficava exatamente em frente à porta de entrada, fazendo com que o ch'i entrasse no apar-

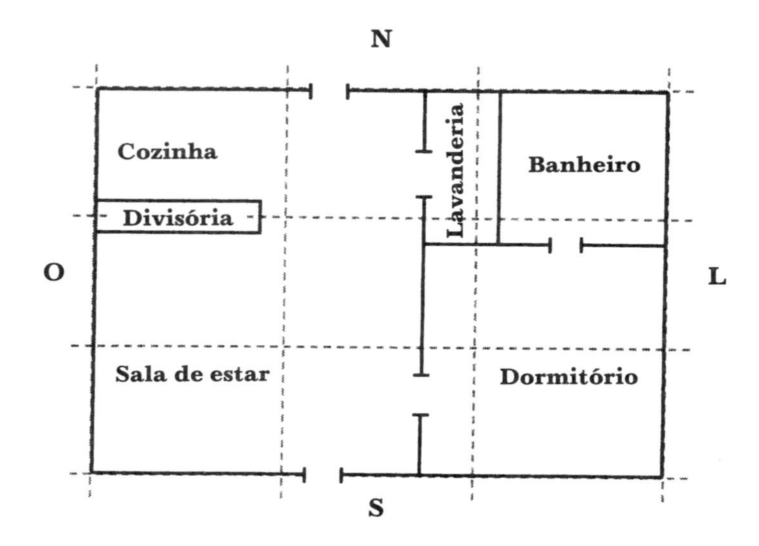

Figura 6B: Planta baixa do apartamento de Maureen

tamento, passasse rapidamente pela sala e cozinha e saísse pela porta dos fundos.

A sala de estar e a cozinha eram, na verdade, um só cômodo, separado apenas por uma divisão que servia de balcão. Isso significava que não havia espaço suficiente para se colocar um biombo que encobrisse a visão da porta dos fundos. Sugeri que ela pendurasse um cristal no teto, a meio caminho entre a porta da frente e a porta dos fundos.

O apartamento só tinha um dormitório, e este levava ao banheiro. Maureen sempre se sentira incomodada ao convidar os amigos para visitá-la, pois eles precisavam passar pelo quarto para usar o banheiro.

Eu podia entender o descontentamento de Maureen com relação a isso. Contudo, o maior problema, do ponto de vista do feng shui, era o fato de que o ch'i negativo, ou shar-ch'i, passava do banheiro para o quarto. Felizmente, ela sempre mantinha a porta do banheiro fechada, e isso já resolvia em parte o problema. Sugeri que ela colocasse do lado de fora da porta do banheiro um espelho pequeno, para fazer com que o cômodo desaparecesse simbolicamente. Nesses casos, eu normalmente recomendo que a pessoa pendure um espelho bem grande do lado de fora da porta. No entanto, no caso de Maureen, isso faria com que o espelho refletisse a cama. Estaríamos então resolvendo um problema e causando outro.

Com exceção desses probleminhas, o apartamento era ideal para as necessidades dela. A porta da frente dava para o sul e o quarto e a sala de estar recebiam luz do sol o dia inteiro. Justamente por isso o apartamento era agradavelmente quente, mesmo no inverno.

Assim como fiz com John, comecei fazendo uma avaliação com base nas Aspirações do Ba-guá.

A área da Abundância compunha-se de dois terços da cozinha.

– Infelizmente, isso significa que a sua prosperidade está entrando pelo cano – expliquei a Maureen.

Ela assentiu com a cabeça.

– Isso faz sentido. Não consegui guardar um centavo desde que moro aqui.

Recomendei que ela mantivesse essa parte do cômodo sempre bem iluminada, para aumentar o fluxo do ch'i na cozinha. Também dei a dica de que ela poderia colocar alguns vasinhos de flores no peitoril da janela.

A área do Sucesso era constituída pela outra porção da cozinha e pela maior parte da lavanderia. Essa parte da cozinha era um espaço morto. Não havia nada ali. Na lavanderia, havia uma pilha de lençóis e roupas sujas.

— Como eu moro sozinha, espero acumular um pouco de roupa suja para então lavar tudo de uma vez — Maureen explicou.

Lamentavelmente, essa pilha de roupa só deixava o ambiente bagunçado. Expliquei a Maureen o que isso significava.

— É melhor deixar a porta fechada para esconder a bagunça — esclareci. — Além disso, se quiser melhorar seu *status* ou sua reputação, você precisará fazer alguma coisa nesta área.

— Neste momento, só estou mesmo interessada na minha vida amorosa.

Eu a levei até o banheiro.

— Esta é a área do Casamento ou dos relacionamentos.

Ela balançou a cabeça.

— Você está me dizendo que a minha vida amorosa está indo por água abaixo, com a descarga?

— Em certo sentido, sim. Você vai precisar dar uma atenção especial a essa área, se quiser estimular o romance na sua vida.

— O que eu preciso fazer?

A ansiedade dela me fez rir.

— Infelizmente, esta é a parte mais escura da casa. Você precisa de muito mais luz aqui.

— Cristais! Posso pôr cristais aqui?

— Eles decerto ajudarão — concordei. — Você também pode pôr aqui alguns objetos que a façam lembrar amor e romance.

Maureen tinha um pôster do dia dos namorados que alguém dera a ela dois anos antes. Ele tinha ficado guardado embaixo da cama, porque a seu ver não havia nenhum lugar apropriado para pendurá-lo. Antes de eu ir embora, ele já estava pendurado no banheiro, com toda pompa.

– Cada vez que olhar para ele, você vai pensar no amor – eu lhe disse.

– É como uma afirmação?

– Exatamente. Mas ainda é mais do que isso, pois ele de fato atrairá o amor para você.

Maureen deu uma risadinha.

– Mal posso esperar!

A área da Família e dos amigos abrangia um terço da sala de estar. Maureen tinha ali um confortável sofá de madeira, encostado à parede leste, onde as visitas costumavam se sentar. Esse local é conhecido como a posição do poder, pois quem senta ali pode ver a porta da frente sem ter de virar a cabeça.

O Centro da Sorte ficava, em sua maior parte, na sala de estar. Uma estante de livros junto à parede revelava o interesse de Maureen pela música e pelo teatro; no entanto, não havia ali mais espaço para outros móveis, que atrapalhariam o acesso à cozinha. Felizmente, o cristal que serviria como solução para a linha reta entre a porta da frente e a dos fundos também ajudaria a ativar o Centro da Sorte.

– Que bom! – comentou Maureen. – Acho que dá para pôr um cristal aqui.

A área dos Filhos era composta de um terço do dormitório e de uma pequena parte da lavanderia e do banheiro.

– Ainda bem que a minha cama não está nessa parte do quarto – disse ela aliviada. – A última coisa que eu quero é ter filhos.

— Essa área está relacionada com os jovens em geral — alertei. — Ela, aliás, está bem ativada pela luz que vem das janelas.

A área do Conhecimento compunha-se de um quarto da sala de estar. Maureen tinha uma grande poltrona no local.

— Passo um bom tempo ali enrodilhada, lendo meus livros.

A área da Carreira ficava junto à porta da frente e também numa pequena parte do dormitório. Numa mesinha lateral ao lado da porta ficava o telefone e o aparelho de fax.

— Eu costumava odiar ver esses aparelhos aqui, mas, por alguma razão, nunca encontrei outro lugar para eles. Devo ter feito isso intuitivamente!

Finalmente, voltamos ao dormitório para dar uma olhada na área dos Mentores. A maior parte dela ficava no local onde estava a cama de casal de Maureen.

— Nunca houve mentor nenhum neste quarto — ela disse rindo. — É triste dizer, mas eu sou a única pessoa que já dormiu aqui.

Eu então expliquei a ela como era possível usar as Aspirações em cada cômodo separadamente.

— Isso significa que a sua cama está na seção do Casamento do seu quarto. Você poderia ativar essa área para poder, assim, atrair o amor.

— Não há lugar para mais nada aqui.

Na parede sul, ao lado da cama, havia várias fotografias dela e do ex-marido. Ela me disse, enquanto olhava para os porta-retratos:

— Simplesmente, eu não consegui tirar isto daqui.

— Eles ficariam melhor na sala de estar — aconselhei. — São importantes para você, claro, e por isso é bom que fiquem à mostra. Mas, infelizmente, eles diminuirão o potencial para um novo relacionamento, caso fiquem onde estão. O melhor seria usar esta parede para colocar algo que você considera romântico.

Maureen tirou as fotos de onde estavam, enquanto eu usava a bússola para verificar em que direção a casa estava voltada.

— Esta casa é K'an — revelei. — Ela está localizada no norte e a porta da frente está voltada para o sul. Toda casa tem quatro direções favoráveis e quatro desfavoráveis. Andaremos pela casa fazendo o mesmo percurso de antes.

Fui até a cozinha com Maureen atrás de mim.

— Esta área é governada por Chien e representa a amizade. Você precisará dar uma atenção especial a esta área se acha que é muito ocupada para passar bons momentos na companhia de amigos.

Maureen deu uma risada.

— É isso mesmo que eu penso. O que eu preciso fazer aqui?

— Eu já sugeri algumas plantas naturais, mas você também pode usar alguma coisa da cor verde. O verde é uma cor relaxante, que acalma, e ajudará você a ter momentos felizes com os amigos. Pode até ser uma forma de encontrar a pessoa certa.

— Tudo bem — ela concordou. — Farei isso. E a porta dos fundos?

— Aquela área e a maior parte da lavanderia estão relacionadas com o trigrama K'an. Essa é um área especial, que ajudará você a desfrutar sua vida amorosa novamente. Se ativar essa área, você ficará muito mais motivada a começar um relacionamento com a pessoa certa.

— Ou qualquer relacionamento!

— Talvez no início. Depois, isso acabará ajudando-a a encontrar a pessoa perfeita para você.

— O que eu tenho de fazer?

— Eu penduraria um sino tibetano perto da porta dos fundos. Prefira um sino de metal vermelho ou rosa-choque. Sempre que ouvir os sons do sino, você se dará conta de que o ch'i está fluindo. Eu também colocaria na lavanderia um cristal de quartzo. Também é uma boa idéia aumentar a iluminação na área junto à porta dos fundos. O resto da cozinha não tem problemas, mas está meio escuro aqui perto da porta. Se colocar mais luz, você atrairá mais ch'i.

Fomos para o quarto de Maureen.

— Esta área está relacionada com trigrama Ken. Esse trigrama está associado com a comunicação.

— Mas eu moro sozinha... Não falo com ninguém, exceto ao telefone.

— Procure ativar essa área. Assim você encontrará mais pessoas com quem se comunicar.

Maureen franziu a testa.

— Nunca fiz questão de visitas. Por causa do quarto, na verdade — disse ela, indicando o banheiro.

O banheiro de Maureen era imaculadamente limpo. A cor principal era rosa, embora no chão houvesse um tapetinho azul.

— Procure usar um pouco de amarelo neste cômodo. O amarelo estimula a comunicação. Toalhas de banho amarelas servem. Eu sei que você não gosta que as pessoas atravessem o seu quarto para ir ao banheiro, mas quando tivermos acabado a avaliação, isso já não será problema.

Voltamos para a sala de estar e paramos junto ao balcão que dividia a sala da cozinha.

— Esta parte da sala está relacionada com a sensualidade. No feng shui, ela é ligada ao trigrama Tui. A propósito, oeste é a sua direção do amor.

— A única coisa que me falta é um parceiro! — desabafou Maureen, com pesar.

— O que você precisa aqui é de alguma coisa do elemento madeira — disse a Maureen, pois o elemento pessoal dela era fogo e, para ativar essa área, ela precisava de algo que pertencesse ao elemento que precedia o dela.

— Flores ou vasos de plantas, talvez. Pode ser até flores artificiais, caso você não tenha tempo de cuidar de naturais. Como esta área também representa a sua direção do amor, é melhor você ter aqui flores frescas, para que elas a façam se lembrar de amor e romance. Não importa que você mesma as compre. Também pendure nesta área coisas que a façam se lembrar de amor.

Passamos para o Centro Espiritual do apartamento.

— Convém você se sentar aqui para relaxar e pensar sobre o tipo de relacionamento que quer. Percebi que não há muito espaço para uma cadeira, mas você pode colocar aquela poltrona aqui sempre que pensar sobre isso.

Não pude deixar de rir ao ver a expressão de Maureen.

— Então tente arrastar aquela poltrona e veja se consegue!

Voltamos para o quarto dela e eu indiquei a área correspondente ao trigrama Chen (um quarto do dormitório e parte do banheiro).

— Esta área está relacionada com as influências externas. Pessoas que tentam ajudar você a encontrar alguém, mas que na verdade não estão ajudando em nada.

— Isso me faz lembrar de alguém que trabalha comigo!

— Coloque aqui coisas que inspirem tranqüilidade. Qualquer coisa relaxante e suave. Vi que você gosta de cristais; por isso, águas-marinhas sevirão muito bem aqui.

Voltamos à sala de estar e eu olhei para a parte sudoeste do cômodo.

— Esta área é conhecida como K'un e ela está relacionada com os sentimentos. Ela recebe muita luz, o que atrai uma grande quantidade de ch'i. Esta área está praticamente perfeita do jeito que está, a menos que você tenha algum problema com relação aos seus sentimentos.

Maureen negou com a cabeça.

— Não acho que eu tenha algum problema quanto a isso.

— Ótimo! Eu normalmente sugiro que as pessoas coloquem alguma coisa vermelha nessa área, se tiverem algum problema nesse sentido. Aliás, este seria um bom lugar para você colocar as fotos que tem no quarto.

Dei alguns passos até ficar junto à porta da frente.

— Esta é a área Li. Ela representa a intimidade e a vida sexual. Convém colocar aqui algo da cor vermelha; assim você atrairá as pessoas até você.

— Farei isso hoje!

— Só está faltando analisar uma área — eu disse, voltando ao dormitório de Maureen e olhando o local em que estava a cama. — Esta área é chamada Sun e está relacionada com a felicidade. Felizmente, está bem iluminada, o que significa que está atraindo uma boa quantidade de ch'i.

— Acho até que eu sou feliz. Mas vivo sozinha há tempo demais, acho. Tirando isso, acho que sou feliz. Nunca parei para pensar sobre isso nesses termos.

— Um pouquinho de verde aqui fará com que você viva mais feliz. O verde está relacionado com o elemento que precede o seu; por isso vai ajudar a trazer paz, contentamento e até amor.

— Tenho uma colcha verde que nunca usei.

— Pois então use — sugeri. — Use e veja o que acontece.

Como sempre, sugeri que Maureen fizesse apenas uma mudança por vez. Ela era muito impaciente para isso, e quando voltei a vê-la, depois de algumas semanas, ela já havia feito todas as mudanças.

— O que você acha da sua casa agora? — perguntei a ela.

— Está maravilhosa! Eu me sinto equilibrada e pronta para começar a viver outra vez.

Passaram-se oito meses até eu ver Maureen novamente. Ela estava na primeira fila numa das palestras que eu dei. O homem sentado ao lado dela a abraçava de um jeito protetor. Ambos pareciam extremamente felizes.

Capítulo 7

Como Melhorar o Relacionamento Que Você Já Tem

Por mais triste que seja, é preciso admitir que nem sempre uma paixão dura para sempre. Muitos casais que a princípio desfrutam uma vida amorosa estimulante e feliz, percebem que a paixão aos poucos vai diminuindo e a vida sexual passa a ser cada dia menos intensa. Isso não é um problema, caso vocês sejam felizes apesar da falta de intimidade. No entanto, essa situação pode facilmente destruir um relacionamento feliz, nos casos em que um parceiro queira fazer amor regularmente e o outro não. Felizmente, o feng shui tem várias soluções para estimular e revitalizar relacionamentos desgastados.

Muitas pessoas acham que os outros sempre têm uma vida sexual melhor do que a delas. No entanto, existe muita gente que mente a respeito da própria vida sexual. Um escritor famoso que eu conheci sempre se vangloriava de sua vida sexual. Depois que ele morreu, suas viúvas admitiram que ele fora impotente durante muitos anos, e que sua vida sexual simplesmente não existia.

Por isso, é melhor ignorar a maior parte do que as outras pessoas dizem sobre esse assunto. Dois amigos meus falam sobre isso de formas diferentes. Um deles fala para todo mundo que, mesmo depois de vinte anos de casamento, ele e a mulher fazem amor de cinco a seis vezes por semana. O outro se refere ao sexo como "o acontecimento anual". Pelo que eu sei, ambos podem estar mentindo, e o que afirma fazer sexo uma vez por ano pode muito bem ter relações toda noite, enquanto o outro, na realidade, pratica o celibato.

A mensagem é simples. Se você acha que a sua vida sexual é boa, então ela é. Não importa a freqüência com que você e seu parceiro fazem amor, contanto que vocês estejam felizes com a situação. Este capítulo, no entanto, é para as pessoas que não estão felizes com a vida sexual que têm.

Se o seu relacionamento é bom em muitos aspectos, mas está faltando mais entusiasmo entre os lençóis, saiba que existem várias soluções, no feng shui, que você pode colocar em prática.

É claro que a primeira área da casa que você deve investigar é a do Casamento. Por acaso há algum tipo de bagunça ali? Essa parte da casa é escura ou sombria? O fluxo de ch'i é restrito?

Ative essa área com qualquer coisa que, para você, represente amor e romance. Aumente a iluminação para estimular o fluxo de ch'i. Use mais a cor vermelha na decoração.

Faça o mesmo na área do casamento do seu dormitório. Mas você tem de calcular com cuidado a quantidade de vermelho que vai usar.

Uma senhora que eu conheço comprou lençóis vermelhos e viu que o marido, que normalmente caía no sono logo que encostava a cabeça no travesseiro, passou a querer fazer sexo o tempo todo.

— Eu quase morri por falta de sono — ela me contou. — Eu tenho um cargo de responsabilidade e três filhos para cuidar. Preciso de descanso!

Examine cuidadosamente onde estão os espelhos do quarto. Para o feng shui, quanto mais espelhos melhor, mas é preciso ter cuidado ao colocá-los no quarto. Qualquer espelho que reflita você e seu parceiro na cama pode dar a impressão de que, simbolicamente, outras pessoas estão interferindo no relacionamento de vocês. Em quase todas as minhas palestras, alguém menciona, em tom de brincadeira, um espelho no teto do quarto. Isso pode funcionar muito bem a curto prazo, para casais extremamente apaixonados, mas é desastroso em relacionamentos de longa data.

Muitas pessoas passam por problemas conjugais, logo depois que se mudam para uma casa nova ou quando reformam a casa onde moram. Quando isso acontece, é quase certo que existe na casa algum problema, do ponto de vista do feng shui. Nesse caso, é preciso que você avalie toda a casa, começando pela porta da frente. O problema em geral está no dormitório, mas é um erro acreditar que isso acontece em todos os casos. Convém examinar todas as partes da casa para poder fazer um levantamento de todos os problemas que ela tem.

Se você fez uma grande reforma na casa, talvez ache que o problema está nas áreas que sofreram alguma modificação. No entanto, isso pode não ser verdade. Alguma coisa na parte que foi mudada pode estar sendo afetada por um shar que vem da área que não foi alterada.

Talvez sua vida amorosa esteja correndo bem, mas você e seu parceiro parecem se comunicar pouco ou quase nada. Esse é um sinal de perigo. Não importa o quanto sua vida sexual seja boa, todo relacionamento requer boa comunicação e companheirismo.

O remédio para isso é colocar algo amarelo na área do Casamento da casa, e nessa mesma área do quarto. O amarelo representa a comunicação. Só tome cuidado para não exagerar, pois o excesso de amarelo pode causar dor de cabeça.

O amarelo é uma cor estimulante, e você logo vai perceber que começará a fazer muito mais coisas do que antes. Uma amiga minha me contou que ela vira mais filmes nos últimos doze meses, depois de colocar almofadas amarelas na casa, do que nos últimos vinte anos. Também me contou alegremente que ela e o marido estavam se comunicando muito melhor e que todos os aspectos da vida deles estavam indo bem.

O trabalho às vezes pode separar o casal. Se um dos dois está trabalhando duro, talvez passando mais tempo no escritório ou trazendo trabalho para casa, o parceiro pode estar precisando de mais atenção. Isso acontece especialmente nos casos em que aquele que está trabalhando demais vive constantemente cansado ou estressado. Talvez você não possa fazer muita coisa com relação ao volume de trabalho, mas pode manter a chama do amor acesa colocando um pouco de vermelho no quarto. Eu gostaria de saber se John Milton sabia algo sobre isso quando escreveu estas linhas em *O Paraíso Perdido*: "Com um sorriso que irradiava um vermelho-rosado celestial, o próprio matiz do amor."[1]

Também é uma boa idéia colocar dois objetos iguais na parte da casa em que a pessoa costuma se sentar ou trabalhar. Tradicionalmente, usam-se dois patos mandarins, mas qualquer outro par de objetos funcionará muito bem. Um par de patos, de cachorros, de leões, de peixes ou de qualquer outra coisa representará o casal e ajudará a estimular a relação.

Lembre-se dos aspectos yin e yang dos relacionamentos. Quando aumenta a energia yang, a energia ying diminui e vice-versa. Se um dos parceiros está tentando ser totalmente yang, por exemplo, e age de forma agressiva, fria, machista e determinada, é bem provável que surgirão problemas. No entanto, essa situação não pode se prolongar durante muito tempo, pois quando a energia yang chega ao limite máximo, a energia yin começa a entrar em ação, para trazer novamente o equilíbrio. As pessoas que só procuram expressar o lado yin ou yang de sua natureza acabam confusas, frustradas e, finalmente, solitárias.

Tentar ser totalmente yin traz o mesmo tipo de problema. Todos nós somos constituídos de elementos yin e yang, e tentar negar um desses dois aspectos é perigoso e doentio.

Em última análise, você deve procurar ser o que é, não o que você não é. Você precisa olhar seu parceiro de forma imparcial e desapaixonada, para saber se ele é uma pessoa predominantemente yin ou predominantemente yang. Isso nada tem a ver com o sexo da pessoa. Depois, olhe para si mesmo e procure saber se você é mais yin ou mais yang. Olhar para si mesmo dessa forma pode ser algo extremamente revelador e ajudará ambos a se equilibrar e a harmonizar o relacionamento. Essa análise leva a uma compreensão mais profunda do outro e aproxima vocês dois.

Finalmente, se vocês estiverem com algum tipo de problema, sentem-se e conversem. O feng shui pode ajudar a resolver alguns problemas, mas não resolve tudo sozinho. Talvez vocês tenham de sair de casa e conversar calmamente num parque ou num restaurante. É sempre mais fácil travar conversas sérias como essa fora do ambiente doméstico. A disposição para conversar sobre os problemas é sinal de que o casal quer investir no relacionamento. Não importa quantos anos vocês tenham, se ambos tiverem disposição e amor um pelo outro, vocês conseguirão, com a ajuda do feng shui, dar um novo impulso ao relacionamento e torná-lo ainda melhor do que antes.

Capítulo 8

Feng Shui Para Fazer Amigos

Nem todas as pessoas estão em busca de um parceiro, mas todas, sem exceção, precisam de amigos. Sempre me perguntam, em minhas palestras, se podemos usar o feng shui para fazer novas amizades, que podem ou não dar origem a um relacionamento amoroso. A resposta é "sim".

Uma outra pergunta que sempre me fazem, geralmente logo depois da primeira, é se é possível que um homem e uma mulher fiquem amigos e mantenham um relacionamento sem nenhuma conotação sexual ou romântica. Mais uma vez a resposta é "sim". Eu mesmo tenho várias amigas, cuja companhia eu aprecio e que, eu presumo, também apreciam a minha. Naturalmente, nesse tipo de amizade existe um elemento yin e outro yang, o que é muito bom, pois todos nós nos beneficiamos quando passamos algum tempo na companhia de pessoas do sexo oposto.

Muitas das pessoas que me fazem esse tipo de pergunta são idosas. Eles gostariam de desfrutar a companhia de alguém do sexo oposto, mas não querem nada além da amizade. Felizmente, o feng shui pode ser extremamente útil nesses casos.

A primeira coisa a fazer é usar as Aspirações do Ba-guá para averiguar em que parte da casa está a área da Família. Essa área está relacionada aos amigos queridos e à saúde, não só à família em si. Como sempre, é preciso deixar essa área sempre bem iluminada. Um grande espelho proporcionará uma sensação de amplidão e estimulará as visitas. Objetos pertencentes ao seu elemento pessoal (ou ao elemento que precede o seu, no ciclo criativo) ajudarão a ativar esse local.

Em seguida, você precisa ter certeza de que todos os sofás e poltronas estão sendo usados. Muitas pessoas que moram sozinhas costumam usar apenas um ou dois assentos da casa. Isso desestimula as visitas. Procure usar assentos diferentes a cada dia e você logo notará a diferença. É importante, principalmente, usar todas as cadeiras da mesa de jantar, pois ela está relacionada com a abundância, em todos os sentidos.

Finalmente, observe a entrada da sua casa. Ela é bem-iluminada e convidativa? Você precisa estimular o ch'i a entrar na sua casa. Se o ch'i entra com facilidade, o mesmo acontecerá com as visitas.

Existem mais dois fatores importantes com relação às pessoas que moram sozinhas: medo e baixa auto-estima. Muitas pessoas que moram sozinhas tornam-se introspectivas e caladas, pois passam muito tempo sem companhia. Nesse período, muitas cultivam pensamentos negativos a respeito de si mesmas, o que lhes afeta a autoconfiança e o amor-próprio. Conseqüentemente, quando saem de casa, essas pessoas inconscientemente evitam novas amizades, com uma atitude de recolhimento. Se você mora sozinho há muito tempo, talvez no início tenha de fazer um certo esforço para ser mais extrovertido e amistoso.

O medo é um problema ainda mais grave. As pessoas que foram magoadas no passado em geral sentem certa relutância em tentar novamente. É mais fácil ficar em casa, sentindo pena de si mesmo, do que sair e correr o risco de sofrer uma rejeição.

Um conhecido meu enfrentou um divórcio particularmente difícil e doloroso, há uns 12 anos. Ele ainda está sofrendo as conseqüências desse divórcio e, por isso, raramente vai a algum lugar onde tenha a chance de encontrar uma mulher. Embora ele seja um homem gentil e de bom coração, usa uma máscara de cinismo e amargura, para garantir que nunca encontrará outra parceira. Em poucas palavras, ele ainda está ressentido e apavorado com a idéia de que qualquer relacionamento novo acabará da mesma maneira. Isso significa que ele caiu numa armadilha insidiosa. A não ser que abandone essa máscara, ele não encontrará mais ninguém. Mas abandonar a máscara significa correr o risco de ser magoado novamente. Ele tem consciência disso, e está tentando não ser sempre uma pessoa tão amarga. O medo não deixa que ele seja quem realmente é e também o impede de ter um relacionamento afetuoso e satisfatório.

Muitas pessoas de mais idade também sofrem com o medo. É raro o dia em que não lemos no jornal a notícia de idosos que sofreram abusos ou que foram passados para trás de alguma forma. Não é de surpreender que tantos idosos levem uma vida solitária, dentro da prisão que eles mesmos criaram.

Existem, no entanto, muitas atividades para idosos que proporcionam oportunidades para fazer novas amizades e desfrutar a companhia de outras pessoas. Se elas deixarem o medo de lado e aproveitarem essas oportunidades, a vida dessas pessoas pode ficar muito mais gratificante. Um amigo meu de 80 anos de idade foi recentemente a um baile da terceira idade e se divertiu imensamente.

– Havia três mulheres para cada homem – ele me contou. – Eu devia ter começado a freqüentar esses bailes há muito tempo!

Esse meu amigo já tinha passado muitos anos na solidão antes de adquirir o hábito de dançar. Ele tinha se forçado a sair da vidinha que levava há anos, embora isso tenha sido extremamente difícil na época. Mas depois que ele conseguiu mudar seus hábitos, nem pôde acreditar na mudança que ocorreu em sua vida.

Se você vive sozinho há muito tempo, reflita cuidadosamente sobre o que gostaria de fazer e então dê o primeiro passo. Existem inúmeras pessoas lá fora que adorariam conhecer você. Mas isso vai ser impossível se você ficar trancado em casa.

No ano passado, eu fiz uma série de palestras num clube de solteiros. Nem pude acreditar na quantidade de homens e mulheres atraentes que se interessaram em ouvir o que eu e outros palestrantes tinham a dizer. Embora nós fôssemos os catalisadores que encorajaram as pessoas a ir aos encontros, o verdadeiro objetivo era possibilitar que os participantes se conhecessem.

Existe um número enorme de pessoas solitárias pelo mundo. Se você é uma delas, dê o primeiro passo. Ative a seção dos Amigos na sua casa e procure sair e encontrar pessoas. Freqüente lugares e dedique-se a atividades que lhe agradem. Você acabará encontrando pessoas que pensam como você. Seja uma pessoa aberta e jovial. Mas também seja cauteloso, é claro. Faça isso e veja o que acontece. Ninguém precisa viver sozinho. Ofereça a sua amizade e você logo será mais popular do que jamais foi.

Conclusão

Eu espero que este livro tenha ajudado você a encontrar a pessoa certa ou a melhorar seu relacionamento atual. Lembre-se de que, no feng shui, sempre é melhor fazer uma pequena mudança por vez. Isso dá a você a oportunidade de avaliar os resultados a cada mudança que faz. É natural que as pessoas tenham pressa e queiram fazer todas as modificações de uma só vez. No entanto, se fizer isso, você não vai conseguir identificar as mudanças que foram benéficas e as que não foram. E, na pressa, você pode acabar piorando a situação em vez de melhorá-la.

É melhor dar um pequeno passo de cada vez, esperar algumas semanas e então conferir os resultados. Só então pense em fazer outra pequena modificação. Dando um passo de cada vez, você pode demorar um pouco mais para atrair o parceiro certo ou para revitalizar o relacionamento que você já tem, mas o resultado final trará grande alegria e felicidade para a sua vida.

Meus pais gostavam muito de ler e sempre mencionavam frases interessantes que tinham lido em algum lugar. Duas das citações favoritas de minha mãe eram da autoria de Victor Hugo: "A maior felicidade da vida é a certeza de que somos amados pelo que somos, ou apesar do que somos." Ele também escreveu: "A vida é uma flor cujo néctar é o amor."

Meu pai sempre citava as famosas palavras de *sir* William Temple: “O maior prazer da vida é o amor.”

Eu espero que este livro ajude você a encontrar o maior prazer da vida.

Apêndice

Elementos e Signos Para os Nascidos de 1900 a 2000

Elemento	Signo	Ano
Metal	Rato	De 31 de jan. de 1900 a 18 de fev. de 1901
Metal	Boi	De 19 de fev. de 1901 a 7 de fev. de 1902
Água	Tigre	De 8 de fev. de 1902 a 28 de jan. de 1903
Água	Coelho	De 29 de jan. de 1903 a 15 de fev. 1904
Madeira	Dragão	De 16 de fev. de 1904 a 3 de fev. de 1905
Madeira	Serpente	De 4 de fev. de 1905 a 24 de jan. de 1906
Fogo	Cavalo	De 25 de jan. de 1906 a 12 de fev. de 1907
Fogo	Carneiro	De 13 de fev. de 1907 a 1 de fev. de 1908
Terra	Macaco	De 2 de fev. de 1908 a 21 de jan. de 1909
Terra	Galo	De 22 de jan. de 1909 a 9 de fev. de 1910
Metal	Cachorro	De 10 de fev. de 1910 a 29 de jan. de 1911
Metal	Javali	De 30 de jan. de 1911 a 17 de fev. de 1912
Água	Rato	De 18 de fev. de 1912 a 5 de fev. de 1913
Água	Boi	De 6 de fev. de 1913 a 25 de jan. de 1914
Madeira	Tigre	De 26 de jan. de 1914 a 13 de fev. de 1915
Madeira	Coelho	De 14 de fev. de 1915 a 2 de fev. de 1916
Fogo	Dragão	De 3 de fev. de 1916 a 22 de jan. de 1917
Fogo	Serpente	De 23 de jan. de 1917 a 10 de fev. de 1918
Terra	Cavalo	De 11 de fev. de 1918 a 31 de jan. de 1919
Terra	Carneiro	De 1 de fev. de 1919 a 19 de fev. de 1920
Metal	Macaco	De 20 de fev. de 1920 a 7 de fev. de 1921
Metal	Galo	De 8 de fev. de 1921 a 27 de jan. de 1922
Água	Cachorro	De 28 de jan. de 1922 a 15 de fev. de 1923
Água	Javali	De 16 de fev. de 1923 a 4 de fev. de 1924
Madeira	Rato	De 5 de fev. de 1924 a 24 de jan. de 1925

Madeira	Boi	De 25 de jan. de 1925 a 12 de fev. de 1926
Fogo	Tigre	De 13 de fev. de 1926 a 1 de fev. de 1927
Fogo	Coelho	De 2 de fev. de 1927 a 22 de jan. de 1928
Terra	Dragão	De 23 de jan. de 1928 a 9 de fev. de 1929
Terra	Serpente	De 10 de fev. de 1929 a 29 de jan. de 1930
Metal	Cavalo	De 30 de jan. de 1930 a 16 de fev. de 1931
Metal	Carneiro	De 17 de fev. de 1931 a 5 de fev. de 1932
Água	Macaco	De 6 de fev. de 1932 a 25 de jan. de 1933
Água	Galo	De 26 de jan. de 1933 a 13 de fev. de 1934
Madeira	Cachorro	De 14 de fev. de 1934 a 3 de fev. de 1935
Madeira	Javali	De 4 de fev. de 1935 a 23 de jan. de 1936
Fogo	Rato	De 24 de jan. de 1936 a 10 de fev. de 1937
Fogo	Boi	De 11 de fev. de 1937 a 30 de jan. de 1938
Terra	Tigre	De 31 de jan. de 1938 a 18 de fev. de 1939
Terra	Coelho	De 19 de fev. de 1939 a 7 de fev. de 1940
Metal	Dragão	De 8 de fev. de 1940 a 26 de jan. de 1941
Metal	Serpente	De 27 de jan. de 1941 a 14 de fev. de 1942
Água	Cavalo	De 15 de fev. de 1942 a 4 de fev. de 1943
Água	Carneiro	De 5 de fev. de 1943 a 24 de jan. de 1944
Madeira	Macaco	De 25 de jan. de 1944 a 12 de fev. de 1945
Madeira	Galo	De 13 de fev. de 1945 a 1 de fev. de 1946
Fogo	Cachorro	De 2 de fev. de 1946 a 21 de jan. de 1947
Fogo	Javali	De 22 de jan. de 1947 a 9 de fev. de 1948
Terra	Rato	De 10 de fev. de 1948 a 28 de jan. de 1949
Terra	Boi	De 29 de jan. de 1949 a 16 de fev. de 1950
Metal	Tigre	De 17 de fev. de 1950 a 5 de fev. de 1951
Metal	Coelho	De 6 de fev. de 1951 a 26 de jan. de 1952
Água	Dragão	De 27 de jan. de 1952 a 13 de fev. de 1953
Água	Serpente	De 14 de fev. de 1953 a 2 de fev. de 1954
Madeira	Cavalo	De 3 de fev. de 1954 a 23 de jan. de 1955
Madeira	Carneiro	De 24 de jan. de 1955 a 11 de fev. de 1956
Fogo	Macaco	De 12 de fev. de 1956 a 30 de jan. de 1957
Fogo	Galo	De 31 de jan. de 1957 a 17 de fev. de 1958
Terra	Cachorro	De 18 de fev. de 1958 a 7 de fev. de 1959
Terra	Javali	De 8 de fev. de 1959 a 27 de jan. de 1960
Metal	Rato	De 28 de jan. de 1960 a 14 de fev. de 1961
Metal	Boi	De 15 de fev. de 1961 a 4 de fev. de 1962
Água	Tigre	De 5 de fev. de 1962 a 24 de jan. de 1963

Água	Coelho	De 25 de jan. de 1963 a 12 de fev. de 1964
Madeira	Dragão	De 13 de fev. de 1964 a 1 de fev. de 1965
Madeira	Serpente	De 2 de fev. de 1965 a 20 de jan. de 1966
Fogo	Cavalo	De 21 de jan. de 1966 a 8 de fev. de 1967
Fogo	Carneiro	De 9 de fev. de 1967 a 29 de jan. de 1968
Terra	Macaco	De 30 de jan. de 1968 a 16 de fev. de 1969
Terra	Galo	De 17 de fev. de 1969 a 5 de fev. de 1970
Metal	Cachorro	De 6 de fev. de 1970 a 26 de jan. de 1971
Metal	Javali	De 27 de jan. de 1971 a 15 de jan. de 1972
Água	Rato	De 16 de jan. de 1972 a 2 de fev. de 1973
Água	Boi	De 3 de fev. de 1973 a 22 de jan. de 1974
Madeira	Tigre	De 23 de jan. de 1974 a 10 de fev. de 1975
Madeira	Coelho	De 11 de fev. de 1975 a 30 de jan. de 1976
Fogo	Dragão	De 31 de jan. de 1976 a 27 de fev. de 1977
Fogo	Serpente	De 18 de fev. de 1977 a 6 de fev. de 1978
Terra	Cavalo	De 7 de fev. de 1978 a 27 de jan. de 1979
Terra	Carneiro	De 28 de jan. de 1979 a 15 de fev. de 1980
Metal	Macaco	De 16 de fev. de 1980 a 4 de fev. de 1981
Metal	Galo	De 13 de fev. de 1981 a 24 de jan. de 1982
Água	Cachorro	De 25 de jan. de 1982 a 12 de fev. de 1983
Água	Javali	De 13 de fev. de 1983 a 1 de fev. de 1984
Madeira	Rato	De 2 de fev. de 1984 a 19 de fev. de 1985
Madeira	Boi	De 20 de fev. de 1985 a 8 de fev. de 1986
Fogo	Tigre	De 9 de fev. de 1986 a 28 de jan. de 1987
Fogo	Coelho	De 29 de jan. de 1987 a 16 de fev. de 1988
Terra	Dragão	De 17 de fev. de 1988 a 5 de fev. de 1989
Terra	Serpente	De 6 de fev. de 1989 a 26 de jan. de 1990
Metal	Cavalo	De 27 de jan. de 1990 a 14 de fev. de 1991
Metal	Carneiro	De 15 de fev. de 1991 a 3 de fev. de 1992
Água	Macaco	De 4 de fev. de 1992 a 22 de jan. de 1993
Água	Galo	De 23 de jan. de 1993 a 9 de fev. de 1994
Madeira	Cachorro	De 10 de fev. de 1994 a 30 de jan. de 1995
Madeira	Javali	De 31 de jan. de 1995 a 18 de fev. de 1996
Fogo	Rato	De 19 de fev. de 1996 a 6 de fev. de 1997
Fogo	Boi	De 7 de fev. de 1997 a 27 de jan. de 1998
Terra	Tigre	De 28 de jan. de 1998 a 15 de fev. de 1999
Terra	Coelho	De 16 de fev. de 1999 a 4 de fev. de 2000
Metal	Dragão	De 5 de fev. de 2000

Notas

Introdução

1. James J. Lynch, *The Broken Heart: The Medical Consequences of Loneliness* (Nova York: Basic Books, Inc., 1977), página 69.
2. James J. Lynch, *The Broken Heart: The Medical Consequences of Loneliness*, página 69.
3. John e Agnes Sturt, *Created for Intimacy* (Guildford, Surrey: Eagle, 1996), páginas 9 e 10.
4. Laurence Turner, *People-Watching* (Ottawa, New Vision, 1992), página 112.
5. Cliff Richard, *Single-Minded* (London: Hodder and Stougthon Limited, 1988), página 79.
6. Dr. Peter Marsh (editor), *Eye to Eye: Your Relationships and How They Work*, página 135.
7. Dr. Peter Marsh (editor), *Eye to Eye: Your Relationships and How They Work*, página 134.
8. A Bíblia Sagrada, Cântico dos Cânticos, 5.16.

Capítulo 1

1. Richard Webster, *Dowsing for Begginers* (St. Paul, MN: Llewellyn Publications, 1996), 110-113. O único shar que não pode ser solucionado ocorre quando a casa está exatamente embaixo de cabos de alta-tensão. Existem cada vez mais evidências de que há uma relação entre esses cabos, quando localizados sobre a casa, e uma variedade de doenças. Também é difícil solucionar correntes subterrâneas. Nesses casos, a solução mais eficaz é a família se mudar para outro lugar.
2. Martin Palmer, *Yin and Yang* (Londres: Judy Piatkus (Publishers) Limited, 1997), página 14.

3. Wei Tsuei, *Roots of Chinese Culture and Medicine* (Selangor, Malásia: Pelanduk Publications (M) Sdn. Bhd., 1992), páginas 71-84.
4. Louis Culling, *The Pristine Yi King* (St. Paul, MN: Llewellyn Publications, 1989), página 70.
5. Martin Palmer, *Yin and Yang*, página 69.
6. Richard Webster, *Omens, Oghams and Oracles* (St. Paul, MN: Llewellyn Publications, 1995), 10-20.
7. Albert Low, *Feng Shui: The Way to Harmony* (Selangor, Malásia: Pelanduk Publications (M) Sdn. Bhd., 1993), página 114.

Capítulo 5

1. Richard Webster, *Feng Shui for Beginners* (ST. Paul, MN: Llewellyn Publications, 1997), 91-94.
2. Richard Webster, *Feng Shui for Beginners*, páginas 45-75.

Capítulo 7

1. John Milton, *Paradise Lost*, 1:618. Existem numerosas versões deste trabalho. A minha é: *Paradise Lost and Paradise Regained*, de John Milton (Chicago, IL: Mayne Editions, 1963), 124.

Glossário

Aspirações do Ba-guá — Este é um método bastante controvertido, pois está relacionado com a Escola da Bússola, embora não use os pontos cardeais. Em vez disso, são usadas as nove partes do quadrado mágico, encontrado, por Fu Hsi, no casco de uma tartaruga. Esse quadrado é colocado sobre a planta baixa da casa (de um cômodo e até de um móvel), usando-se a posição da entrada principal para determinar como ele será colocado.

Ba-guá — O ba-guá é um símbolo muito antigo e poderoso da cultura chinesa. Ele é freqüentemente encontrado do lado de fora da porta dos lares chineses, para servir como proteção. É uma figura de oito lados e, em geral, tem no centro um espelho ou o símbolo do yin e do yang. Em volta do espelho ou do símbolo são inscritos os oito trigramas do I Ching.

Bagunça — Bagunça é qualquer coisa que impede que o fluxo suave de ch'i se espalhe pela casa. Muitas pessoas acham difícil livrar-se de objetos que não usam mais, e eles acabam dando origem à bagunça. É importante evitar ao máximo a bagunça, pois ela restringe e limita o ch'i, impedindo que realizemos nossos sonhos e objetivos.

Ciclo da Criação — O Ciclo da Criação é uma combinação dos cinco elementos, em que cada elemento ajuda a criar e apóia o que vem a seguir no ciclo. No Ciclo da Criação, o fogo produz a terra, a terra produz o metal, o metal liquefaz e, simbolicamente, produz a água, a água nutre e cria a madeira e a madeira queima e cria o fogo.

Ciclo da Destruição – O Ciclo da Destruição é uma combinação dos cinco elementos, em que cada elemento destrói simbolicamente o que vem a seguir. No Ciclo da Destruição, o fogo derrete o metal, o metal corta a madeira, a madeira tira as forças da terra, a terra absorve e bloqueia a água e a água apaga o fogo.

Cinco Elementos (Os) — Os cinco elementos da Astrologia Chinesa são usados no feng shui para indicar as diferentes energias que estão em torno e dentro de nós. São eles: o fogo, a terra, o metal, a água e a madeira. Eles podem ser combinados de várias formas, mas as combinações mais importantes são o *Ciclo da Destruição* e o *Ciclo da Criação.*

Ch'i — Ch'i é a força vital do universo, encontrada em todas as coisas vivas. No feng shui, convém atrair o máximo de ch'i para o interior da casa e do ambiente de trabalho. O ch'i é criado o tempo todo na natureza e também quando algo é feito com perfeição. Por exemplo, um escultor, ao criar uma magnífica figura a partir de um bloco de mármore, está criando ch'i.

Escola da Bússola — A Escola da Bússola é um ramo do feng shui que usa as oito direções da bússola, combinadas com a data de nascimento da pessoa, para determinar os melhores locais e direções para essa pessoa em particular.

Escola da Forma – A Escola da Forma é a versão original do feng shui. Ela examina a geografia do terreno para determinar a quantidade e a qualidade do ch'i que existe no local. O local perfeito gera ch'i em abundância e tem quantidades iguais de energia yin e yang (terras planas e montanhosas).

Fu Hsi – Fu Hsi (ou Wu de Hsia) é considerado o pai do feng shui. O primeiro dos cinco imperadores míticos da China pré-histórica; acredita-se que ele tenha vivido há cerca de cinco mil anos. Diz a lenda que uma tartaruga rastejou para fora do rio Amarelo, enquanto Fu e seus homens faziam um trabalho de irrigação. As marcas no casco da tartaruga formavam um quadrado perfeito, dividido em nove partes. Do quadrado mágico se originou o feng shui, o I Ching e a numerologia e astrologia chinesas.

I Ching – O I Ching, também chamado *Livro das Mutações*, é o livro mais antigo da China e provavelmente do mundo. Ele foi criado originalmente por Fu Hsi, em 3322 a.C. O I Ching era considerado tão importante que, na época em que Chin Shih-Huang destruiu todos os livros da China, em 215 a.C., o I Ching foi poupado. Isso porque ele precisava dele para governar o país com sabedoria.

Quadrado Mágico – O Quadrado Mágico consiste em uma série de números dispostos numa grade de tal forma que todas as linhas, horizontais, verticais e diagonais, quando somados os números, dão o mesmo resultado. Os quadrados mágicos são muito populares na China desde que Fu Hsi os criou com base nos desenhos do casco de uma tartaruga. O ba-guá usado no feng shui usa o quadrado mágico para determinar a posição dos oito trigramas.

Setas Envenenadas — ver *Shars*

Shars — Os shars, também conhecidos como *setas envenenadas*, são linhas retas ou ângulos de energia negativa que podem dar azar ou provocar infortúnios. Um caminho em linha reta que convirja diretamente para a porta da frente de uma casa pode ser considerado um shar.

Tartaruga — A tartaruga já era considerada como um bom presságio mesmo antes de Fu Hsi encontrar uma cujo casco trazia o desenho de um quadrado mágico. Nos tempos que antecederam os registros históricos, os chineses acreditavam que os deuses viviam dentro do casco das tartarugas e dos cágados. Isso porque o casco da tartaruga representa o céu, enquanto a barriga dela representa a terra. Por isso, a tartaruga ainda é reverenciada como um dos quatro animais espirituais da China (ao lado do dragão, da fênix e do unicórnio). Um dos métodos de adivinhação mais usados na época de Fu era aquecer o casco de uma tartaruga até ele se quebrar e então interpretar os resultados. Nos dias de hoje, a tartaruga é considerada um símbolo de força, resistência e longevidade.

Trigramas — Os oito trigramas do I Ching compreendem todas as combinações possíveis de três linhas, inteiras e partidas. As linhas inteiras são chamadas de linhas yang e representam a energia masculina; as linhas partidas são chamadas de linhas yin e representam a energia feminina.

Yin e Yang – Yin e Yang são dois opostos, e um não pode existir sem o outro. Eles geralmente são representados por duas figuras em forma de girino, dentro de um círculo. O yin é preto com um ponto branco; o yang é branco com um ponto preto. A maioria dos ocidentais conhece esse símbolo, embora não tenha idéia do que ele significa. Yin e Yang nunca foram definidos, apenas demonstrados por meio de uma lista de opostos inseparáveis. Por exemplo: noite e dia, quente e frio, seco e molhado, alto e baixo, frente e verso, verão e inverno, homem e mulher. Mesmo hoje os chineses gostam de encontrar diferentes pares que representam yin e yang. Essas duas energias se originaram, a princípio, dos dois lados de uma montanha. Yin era o lado frio, imerso nas sombras, que ficava no norte, yang representava o lado sul, quente e ensolarado. A visão dualística do universo representou um papel importantíssimo na cultura chinesa, por milhares de anos.

Leitura Recomendada

Heann-Tatt, Ong. *The Chinese Pakua*. Selangor, Malásia: Pelanduk Publications, 1991.

Kaptchuk, Ted J. *The Web that has no Weaver*. Nova York: Congdon and Weed, Inc., 1983.

Marsh, dr. Peter (ed.). *Eye to Eye: Your Relationships and How They Work*. Londres: Sidgwick and Jackson Limited, 1988.

Moore, Thomas. *Care of the Soul*. Nova York: HarperCollins Publishers, Inc., 1992.

Palmer, Martin. *Yin and Yang*. Londres: Judy Piatkus (Publishers) Limited, 1997.

Saunders, Jeraldine. *Signs of Love*. Los Angeles: Pinnacle Books, Inc., 1977. Republicado por Llewellyn Publications, St. Paul, MN, 1998.

Sturt, John e Agnes. *Created for Intimacy*. Guildford, Surrey, Grã-Bretanha: Eagle, 1996.

Swan, James A. e Roberta. *Dialogues with the Living Earth*. Wheaton, IL: Quest Books, 1996.

Tsuei, Wei. *Roots of Chinese Culture and Medicine*. Selangor, Malásia: Pelanduk Publications, 1992.

Webster, Richard. *Feng Shui for Beginners*. St. Paul, MN: Llewellyn Publications, 1997.

Sobre o Autor

Richard Webster nasceu na Nova Zelândia em 1946 e reside no seu país de origem até hoje. Ele viaja pelo mundo inteiro todos os anos, fazendo seminários e dando cursos sobre temas psíquicos. Richard já escreveu muitos livros, a maioria sobre temas psíquicos, e também escreve para colunas mensais em várias revistas. Richard é casado e tem três filhos. Sua família sempre o apoiou em seu trabalho, embora o filho mais velho, depois de acompanhar de perto a carreira do pai, tenha decidido estudar contabilidade.

Para Escrever para o Autor

Se você quiser entrar em contato com Richard Webster ou gostaria de obter informações mais detalhadas sobre este livro, por favor, mande sua carta aos cuidados da editora Llewellyn Worldwide e nós a encaminharemos ao autor. Tanto Richard Webster quanto o editor gostariam de ouvir o que você tem a dizer. A Llewellyn Worldwide não pode garantir que todas as cartas dirigidas ao autor serão respondidas, mas todas certamente serão enviadas. Por favor, escreva para:

Richard Webster
c/o Llewellyn Worldwide
P.O. Box 64383, Dept. K808-7
St. Paul, MN 55164-0383, U.S.A.

Favor acrescentar um envelope selado e endereçado para resposta ou um dólar para cobrir as despesas. Caso você não more nos Estados Unidos, envie um cupom postal internacional para resposta.